... geeft de overgeleverde schat van de Kerk door
aan huidige en toekomstige generaties
met een thuisbibliotheek van tijdloze katholieke klassiekers.

Bibliotheca Catholica
bibliocatho.org

ISBN: 9789082532685
D/2022/14.022/1

Mijn zoon! als gij u aan den dienst van God toewijdt, bereid uwe ziel tot beproeving; verneder u en lijd; luister en neem het woord der wijsheid aan, en ontvlugt den tijd des tegenspoeds niet; draag wat God u oplegt, vereenig u met Hem en wees geduldig. *Eccli*. II.

Het goddelijke Hoofd der strijders in zijn doodangst door een Engel versterkt.

DE GEESTELIJKE STRIJD,

OF DE

CHRISTELIJKE VOLMAAKTHEID,

TER BEOEFENING VOOR ALLE STANDEN;

VAN

PATER SCUPOLI.

BEWERKT

DOOR

P. J. HESSEVELD, Pastoor.

Tweede Druk.

———oo§§oo———

Amsterdam,
C. L. VAN LANGENHUYSEN,
1869.
Ten voordeele van het Aloysius-Gesticht.

GOEDKEURING.

Het werkje getiteld: *De geestelijke Strijd, of de Christelijke volmaaktheid, ter beoefening voor âlle standen,* — naauwkeurig nagezien, wordt door ons niet enkel goedgekeurd, maar als een hoogst nuttige gids op den weg der volmaaktheid bijzonder aanbevolen.

Soeterwoude,
5 Mei 1852.

E. S. VAN DER HAAGEN,
Aartspr.

VÖÖRWOORD

Het werkje, dat ik mijne geloofsge-
nooten in een Nederlandsch gewaad aan-
bied, telt reeds over de 300 jaren, en
heeft gedurende dien tijd groote dienst
bewezen, zoowel aan hen die over het
geestelijke leven geschreven als die zich
op de volmaaktheid toegelegd hebben.

Ik heb, op raad van waardige mannen,
gemeend, mij voor onze lezers enkele
veranderingen te mogen veroorloven, zóó
echter dat de grondgedachten en de geest
van het werkje zorgvuldig zijn bewaard
gebleven.

De schrijver van dit gulden boekje is
de waardige SCUPOLI, een man, wiens

naam en werken verdienen tot de verstc nakomelingschap te worden overgebragt.

LORENZO SCUPOLI werd te *Otrante*, in het koningrijk *Napels*, uit aanzienlijke ouders geboren. Hij bragt een groot gedeelte zijns levens in het ouderlijke huis door en wijdde zich toe aan de vorming van zijn eigen hart. Toen hij veertig jaren oud was, voelde hij zich door een hoogeren roep gedrongen, en begaf zich onder de leiding van den Eerwaardigen en bekwamen AVELLINUS, die spoedig de godsvrucht en de andere goede hoedanigheden van SCUPOLI naar waarde wist te schatten, en hem in de orde der Theatijnen opnam. Hier blonk LORENZO door verschillende deugden zoo zeer uit, dat hij weldra het voorbeeld en de leermeester van anderen werd. Zijn overste verplaatste hem spoedig, opdat hij zich aan het heil der zielen door onderrigt en prediking zou kunnen toewijden.

Daar de waardige SCUPOLI niet aarzelde, de ondeugd krachtig tegen te gaan, werd hij spoedig door eenige booze menschen als hun vijand aangezien, die door den zwartsten laster zich van hem poogden te ontdoen, Dit gelukte hun dermate, dat SCUPOLI zijn eer en goeden naam verloor, door zijn overste van zijn ambt ontzet, en naar eene eenzame plaats werd gezonden om daar in afzondering te leven. SCUPOLI onderwierp zich geduldig aan het bevel van zijn overste en nam deze beproeving van de goddelijke voorzienigheid in nederigheid aan. Daar in de eenzaamheid bestudeerde SCUPOLI het menschelijk hart; daar oefende hij zich in de kennis van zich zelven; daar leerde hij de wereld meer en meer afsterven; en daar ook schreef hij dit gulden boekje: *De Geestelijke Strijd*.

Eenigen tijd daarna, toen de onschuld

van SCHUPOLI aan het licht kwam,
werd hij in zijne bediening teruggeroe-
pen, waarin hij tot een hoogen ouderdom met den vorigen ijver werkzaam
bleef, totdat hij eindelijk in het kloos-
ter der Theatijnen in het jaar 1610,
den 28 November, in geur van heiligheid stierf.

Van de beroemde mannen die dit
werkje op hoogen prijs stelden, wil ik
slechts den H. FRANCISCUS van Sales,
Bisschop van *Geneve*, noemen.

Deze groote Heilige had, zoo schrijft
hij, door eene bijzondere genade van God,
in zijne jeugd, toen hij te *Padua* studeerde,
dit werkje ter hand genomen en het tot
zijnen ouderdom altijd bij zich gehou-
den. Hij had zulk een hoogachting voor
dit boekje, dat hij het twintig jaren
lang bij zich droeg en er dagelijks één
of twee hoofdstukken uit las; hij betuig-
de, dat het zijn leermeester was in de

deugd, en dat hij, wat hij van het geestelijke leven wist, daaruit had geleerd. Hij noemde het zijn dierbaar en geliefkoosd boekje. Toen de beroemde Bisschop van *Belle* hem vroeg: wie zijn geestelijke bestuurder was, bragt hij uit zijn kleed *De Geestelijke Strijd* te voorschijn en zeide: „ziedaar degene die „mij van mijne jeugd af heeft onderwe„zen; dit is mijn meester in de beoefe„ning van het inwendige leven; ik heb „zijn raad gevolgd en er mij wel bij be„vonden." Dit boekje beval hij ieder aan die hem raad vroeg omtrent het geestelijke leven, en hun bijzonder die hun geweten door Heiligen lieten besturen. *Lees,* zoo schrijft hij in een zijner brieven, *lees het* 28ᵉ *hoofdstuk van* De Geestelijke Strijd, *mijn geliefkoosd boekje, dat ik sedert* 18 *jaren gebruik, en nooit zonder voordeel herlezen heb.*

Beminde Christen! mag ik u zeggen: lees en herlees dit werkje: *De Geestelijke Strijd* niet ééns, maar herhaaldelijk en voortdurend; lees niet te spoedig of te veel op eens; en als het u soms bij de eerste lezing niet gevallig is, wil het dan niet terstond ter zijde leggen, want bij eene tweede en derde lezing zult gij het beter begrijpen en er dieper ingaan; gij zult vervolgens het gelezene trachten in beoefening te brengen en aldus uwe zaligheid verzekeren. Dit dan ook is mijn hartelijke wensch.

P. J. Hesseveld.

DE GEESTELIJKE STRIJD.

NIEMAND ZAL GEKROOND WORDEN DAN DIE WETTIG GESTREDEN HEEFT. II TIM. II, 5.

I.

DE CHRISTELIJKE VOLMAAKTHEID. MEN MOET STRIJDEN OM VOLMAAKT TE WORDEN. VIER HOOFDVEREISCHTEN OM VERWINNEND UIT DEN STRIJD TERUG TE KEEREN.

Indien gij, beminde Christen! tot de ware deugd en volmaaktheid wilt geraken en u zoodanig met God vereenigen, dat gij in alles één met Hem wordt, dan moet gij, om dit edel en verheven doel te bereiken, vooraf weten, waarin de ware deugd, de ware volmaaktheid bestaat. Eenigen beschouwen haar slechts naar zekere uiterlijkheden en doen haar bestaan in uitwendige boetplegingen, haren kleederen, geeselingen, vasten, waken en andere soortgelijke verstervingen des ligchaams.

Velen, en vooral sommige godvruchtige vrouwen, verbeelden zich in de deugd en in de volmaaktheid al zeer verre gevorderd te zijn, wanneer zij dagelijks lange gebeden opzeggen, vele Missen hooren, alle kerkelijke diensten bijwonen, langen tijd in de kerk vertoeven, en dikwijls de H. Sakramenten ontvangen.

Eenigen wederom, en onder deze zelfs kloosterlingen, meenen volmaakt te zijn, wanneer zij slechts vlijtig in het koor hunne getijden bidden, de afzondering en het stilzwijgen beminnen, en naauwgezet de kloostertucht onderhouden. En zoo stelt de een de volmaaktheid in deze, een ander in gene uiterlijke oefening: maar zij vergissen zich allen, want de ware deugd en volmaaktheid bestaan niet in de beoefening dier werken alleen; neen, zij zijn, beminde Lezer, of vermogende middelen om waarlijk deugdzaam en volmaakt te worden, en als men ze met voorzigtigheid beoefent, dienen zij om de natuur, die altijd lafhartig in het goede en geneigd tot het kwade is, te versterken tegen aanvallen van ons aller vijand, en eindelijk, om van den Vader der barmhartigheid die hulp te verwerven, welke voor ieder regtvaardige, maar vooral voor eerstbeginnenden noodig is; of wel zij zijn uitstekende vruchten van beproefde deugd in diegenen welke geheel en al heilig en geestelijk leven. Deze toch behandelen hun ligchaam op eene harde wijze, om het wegens vroegere weêrspannigheid te straffen, of om het te vernederen en aan zijnen Schepper te onderwerpen. Zij houden zich verre van het gewoel der wereld, in de eenzaamheid en in de stilte, om ook kleine gebreken te vermijden. En slechts omgang hebbende met de Engelen in den hemel, leggen zij zich toe op goede werken en op de dienst van God, bidden veel en overwegen het leven en lijden des Zaligmakers; en dat doen zij niet uit een geest van nieuwsgierigheid, of omdat zij daarin eenig gevoelig genoegen vinden, maar uit verlangen om de grootheid der goddelijke barmhartigheid en van hunne ondankbaarheid beter te leeren kennen, en zich meer en meer op te wekken tot de liefde Gods, tot een heiligen haat van zich zelven en tot de navolging onzes Heeren, door zijn kruis te dragen en hun eigen wil te verloochenen, en dit met geen ander doel dan om God te meer te eeren, zich naauwer met Hem te vereenigen, en zich zelven te beter tegen de magten der hel te versterken.

Geheel anders gaat het met diegenen welke heel hunne godsvrucht stellen in uitwendige werken, welke niet zelden zelfs aanleiding tot hun verderf en hun meer schadelijk zijn dan wezenlijke zonden; niet omdat die werken in zich niet goed zijn, maar omdat zij er een slecht gebruik van maken, want zij hechten zich zoozeer aan het uiterlijke, dat zij verzuimen op de bewegingen van hun hart te waken, hieraan alle vrijheid laten, en het aldus aan zijne ongeregelde neigingen en de looze verleidingen des duivels prijs geven. En als die booze geest dan ziet, dat zij den regten weg verlaten, doet hij hen gaarne al verder en verder afdwalen en vervult hunne verbeelding met ijdele hersenschimmen over de vreugde des hemels, waar zij zich reeds verplaatst wanen en met de Engelen de aanschouwing van God meenen te genieten. Satan heeft zelfs de arglistigheid van hun onder het gebed verhevene, schoone en aangename gedachten in te geven, zoodat zij, de wereld en het aardsche als geheel vergeten, zouden denken, met Paulus tot in den derden hemel opgenomen te zijn.

Maar wanneer men dezer gedrag eenigzins naauwkeuriger gadeslaat, ziet men hunne dwaling en hoeverre zij nog van die ware deugd en volmaaktheid, welke wij bedoelen, verwijderd zijn. Want in alle, zoowel grootere als kleinere zaken, wenschen zij de voorkeur boven anderen; zij volgen altijd hun eigen oordeel; zij doen slechts hun eigen wil, en blind in hetgeen hen zelven aangaat, hebben zij altijd hunne oogen geopend om de daden van anderen te beoordeelen en te gispen. Indien men slechts een weinig dien goeden naam schijnt te verkorten, welken zij in de wereld meenen te genieten en waarop zij zeer naijverig zijn, indien men hun beveelt zekere godvruchtige oefeningen te laten, die voor hen als zoovele gewoonten zijn geworden, geraken zij terstond in eene groote verwarring en onrust; indien God zelf in zijne barmhartigheid hun zijnen wil doet kennen, en hun den waren weg der volmaaktheid wil aantoonen, door hun tegenspoeden, ziekten en vervolgingen over te zenden, die de zekerste bewijzen der getrouwheid zijner dienaren zijn, en ons nooit zonder zijn bevel of zonder zijne toelating overkomen, dan ziet men duidelijk, dat hun binnenste bedorven is door den hoogmoed waarvan het vol blijkt,

En vooral in de gewone voorvallen des levens, gelukkige en ongelukkige, weten zij niet wat het is, hunnen wil aan dien van God gelijkvormig te maken, zich onder zijne almagtige hand te vernederen, zich aan zijne regtvaardige oordeelen en raadsbesluiten te onderwerpen, zich beneden alle schepselen te stellen naar het voorbeeld van den lijdenden en vernederden Jesus; weten zij hunne vervolgers niet te beminnen als werktuigen, waarvan de goddelijke goedheid zich bedient, om hun geduld en nederigheid te leeren, en opdat zij dit alles tot hunne zaligheid niet alleen, maar ook tot hunne hoogere volmaking zouden doen strekken. Ja, zij zijn in groot gevaar van verloren te gaan, omdat zij, door eigenliefde verblind, in hunne uitwendige oefeningen alleen zich zelven beschouwen, en in hunne hoovaardigheid meenen, reeds grooten voortgang op den weg der deugd te hebben gemaakt, zoodat er eene buitengewone genade noodig is om hun hart te veranderen.

Ook doet de ondervinding ons zien, dat het gemakkelijker is, een' grooten zondaar te bekeeren, dan een zoodanig iemand die zich voor zich zelven onder het masker der deugd verbergt.

Gij begrijpt nu, beminde Lezer! dat al die bovengenoemde oefeningen, naar het uitwendige alleen beschouwd, niet eens den naam van deugd of volmaaktheid verdienen.

Het geestelijk leven bestaat eigenlijk in de kennis der oneindige goedheid en grootheid Gods, en in het gevoel daarbij van onze geringheid en onze geneigdheid tot het kwaad; in God te beminnen en ons zelven te haten; in ons niet slechts aan Hem, maar ook aan elk schepsel uit liefde tot Hem te onderwerpen; onzen eigen wil geheel te verloochenen, om alleen den zijnen te volbrengen, en alles tot eer alleen van zijnen Naam te verrigten; geen ander doel te hebben dan Hem te behagen, die alleen verdient door zijne schepselen bemind en geëerd te worden.

Dus beveelt het de wet der liefde, welke de H. Geest in de harten der regtvaardigen gegrift heeft; daardoor komt men tot die algeheele verloochening van zich zelven, welke de Zaligmaker in het Evangelie zoo dringend aanbeval; dit maakt zijn juk zoo zoet en zijnen last zoo ligt; hierin bestaat ook die volkomene gehoorzaamheid, welke onze goddelijke Meester ons door woord en voorbeeld altijd geleerd heeft.

Wilt gij dien hoogen trap van volmaaktheid bereiken, dan moet gij u zelven onophoudelijk bestrijden en met alle kracht iedere aardsche genegenheid in u uitroeijen. Gij moet u dus met de u mogelijke vastberadenheid en ijver ten strijde voorbereiden; want niemand zal gekroond worden, dan die dapper zal hebben gestreden.

Maar bedenk, dat er geen hardnekkiger strijd is dan deze, omdat men tegen zich zelven strijdt en door zich zelven bestreden wordt; maar bedenk tevens, dat er geene overwinning aangenamer aan God is en roemrijker voor den overwinnaar. Want die zijne hartstogten bestrijdt, zijne driften intoomt, de minste bewegingen van zijn eigen wil onderdrukt, hij doet een werk dat bij God verdienstelijker is, dan dat hij, aan zijne hoogmoedige gedachten overgeleverd, zijn ligchaam door bloedige kastijdingen verscheuren, of nog strenger vasten dan de oude woestijn-bewoners, of zelfs een groot getal zondaars bekeeren zou.

Hierin, beminde Christen, is de ware deugd, de ware volmaaktheid gelegen, hiertoe kunt gij slechts door een gedurigen strijd geraken. Vooraf moet gij u van vier wapenen voorzien, zonder welke gij onmogelijk als overwinnaar uit dezen geestelijken strijd kunt terugkeeren. Deze vier wapenen zijn: HET WANTROUWEN OP U ZELVEN, HET BETROUWEN OP GOD, HET GOED GEBRUIK DER KRACHTEN VAN ZIEL EN LIGCHAAM en DE OEFENING DES GEBEDS. Iliervan zullen wij met Gods hulp duidelijk en beknopt in de volgende hoofd-stukken spreken.

II.

HET WANTROUWEN OP ONS ZELVEN.

Het wantrouwen op ons zelven is in den geestelijken strijd zoo noodzakelijk, dat wij zonder deze deugd niet alleen zulk een tal van vijanden niet kunnen overwinnen, maar zelfs geen drift of hartstogt, hoe gering ook, te boven komen. Deze waarheid moeten wij diep in ons verstand prenten; want ofschoon wij slechts een *Niet* zijn, hebben wij toch achting voor ons zelven, en meenen wij dwazelijk iets te wezen. Dit gebrek is een gevolg van de bedorvenheid onzer natuur, en juist daarom dat het onzer natuur eigen is, erkennen wij dit zoo moeijelijk. God, die alles ziet, aanschouwt dit met afschuw; Hij wil, dat wij innig overtuigd zijn, dat er in ons geene deugd, geene genade is, welke niet van Hem alléén, als de bron van al het goede, voortkomt, en dat wij zonder Hem geene gedachte kunnen vormen, welke Hem kan behagen.

Maar ofschoon het wantrouwen op ons zelven eene gave des hemels is, die God aan zijne vrienden geeft, nu eens door heilige inspraken, dan weder door zeer grievende moeijelijkheden, of door bijna onweêrstaanbare bekoringen, of langs vele andere wegen die ons verborgen zijn; wil Hij evenwel dat wij al het mogelijke beproeven om die deugd te verkrijgen, en ontwijfelbaar zullen wij die verkrijgen, als wij met de hulp der genade die vier middelen aanwenden, waarover ik nu zal spreken.

Het eerste is: ons onophoudelijk onze geringheid en ons *niet* voor oogen te stellen, en te erkennen, dat wij door onze natuurlijke krachten alleen niet het minste, dat verdienstelijk voor den hemel is, kunnen verrigten.

Het tweede is: nederig en vurig van God deze gewigtige deugd af te vragen, als die alleen van Hem kan komen. Wij moeten erkennen, dat wij haar niet bezitten en onmogelijk uit ons zelven kunhen verwerven. Wij zullen ons dan menigwerf aan de voeten des Heeren nederwerpen, er met een vast vertrouwen om smeeken, geduldig afwachten of ons gebed verhoord worde, en voortgaan met bidden, zoolang het zijner voorzienigheid zal behagen.

Het derde is: op ons zelven te mistrouwen; het bedrog van ons eigen oordeel te vreezen; te waken op de sterke neiging van onze natuur tot de zonde, op de menigte der vijanden, die ons van alle zijden aanranden, die veel listiger, geoefender en sterker zijn dan wij; die zich als engelen des lichts vertoonen, en ons ook midden op den weg naar den hemel allerlei strikken spannen.

Het vierde is: dat wij, bij elken misslag dien wij begaan, in ons zelven treden en al onze zwakheden oplettend gadeslaan; want God laat dan onzen val toe, opdat wij, door een nieuw licht verlicht, ons hart beter leeren kennen, ons zelven leeren gering achten en een opregt verlangen opwekken om door anderen veracht te worden; zonder dat moeten wij niet hopen, dat wij ooit dat eigenlijke wantrouwen zullen bezitten, hetwelk op de nederigheid en de kennis van onze eigene ellende gegrond is.

Inderdaad, al wie tot de ongeschapen Waarheid en de bron des lichts wil naderen, moet noodzakelijk zijn eigen hart doorgronden en niet den hoovaardigen gelijk zijn, die dan eerst hunne oogen openen, wanneer zij reeds in eene schandelijke en onvoorziene ongeregeldheid vervallen zijn. God laat hunnen val toe, opdat zij hunne zwakheid gevoelen, en, door deze jammerlijke ondervinding geleerd, niet meer op eigen krachten zich verlaten zouden. Evenwel gebruikt God dit middel slechts dan, wanneer andere middelen hun doel niet bereikt hebben. Hij laat overigens toe, dat menig mensch meer of minder dikwerf in zonde valt, naardat hij meer of minder hoogmoed heeft, en ik zou durven zeggen, dat als iemand de nederigheid van de H. Maagd Maria bezat, hij ook volstrekt niet zondigen zou. Neem dan, zoodra gij iets misdoet, uwe toevlugt tot de beschouwing van u zelven, bid dadelijk den Heer, dat Hij u verlichte en gij u zoo moogt kennen als gij voor zijne oogen u bevindt, en gij u niet langer op uwe eigene deugd verlaat; anders vervalt ge welligt in dezelfde misslagen en bedrijft er mogelijk nog grootere, met volkomen verlies uwer zaligheid!

III.

HET VERTROUWEN OP GOD.

Het wantrouwen op zich zelven is in den geestelijken strijd een eerste vereischte, gelijk wij hebben aangetoond; evenwel zoudt gij met dit wapen alleen en zonder ander hulpmiddel spoedig de vlugt nemen, of door den vijand ontwapend en overwonnen worden. Men moet er dus een groot vertrouwen op God bijvoegen.

God is de gever van alle goed, van Hem alleen moet men de overwinning verwachten. Wij zijn uit ons zelven onmagtig en tot niets ter zaligheid in staat, wij moeten vreezen dikwijls en zwaar te zullen vallen, en hebben alle reden om ons zelven te wantrouwen. Doch ook, indien wij van onze zwakheid volkomen overtuigd zijn, zullen wij ongetwijfeld met Gods hulp groote voordeelen op onze vijanden behalen, want niets vermag zooveel om de genade des hemels te verwerven als een edelmoedig en groot vertrouwen op God. Om deze uitstekende deugd te verkrijgen, moeten wij de volgende middelen aanwenden.

Het eerste is: God nederig om dit vertrouwen te bidden. Het tweede: aandachtig en vol geloof de almagt en oneindige wijsheid van God te overwegen, voor wien niets onmogelijk of moeijelijk is, wiens goedheid geene palen kent, die door eene overmaat van liefde voor zijne dienaren, ieder oogenblik geven wil wat noodig is tot een heilig leven en tot de volkomene overwinning van zich zelven. Het eenigste wat God van ons verlangt is: dat wij met een onbepaald vertrouwen tot Hem onze toevlugt nemen; en, beminde Lezer, niets ook is billijker. Hoe! zou die beminnelijke Herder [1]), die drie en dertig jaren lang onophoudelijk het verdoolde schaap gezocht heeft, langs moeijelijke en doornige wegen, en met zooveel opofferingen dat het Hem zijn bloed en leven kostte; zou die goede Herder zijn schaapje, dat met een wel misschien wat zwakken maar toch opregten wil tot Hem wederkeert, niet met een oog van erbarming aanzien, niet naar zijn geroep luisteren, het niet op zijne schouders naar den schaapstal terugbrengen? O gewis! eene onbegrijpelijke vreugde zal er in den hemel wezen, en

[1]) Luc. XV, 4.

de Engelen worden uitgenoodigd om zich met den Herder te verblijden.

Gelijk de vrouw van het Evangelie naar den verloren penning zoekt, zoo zoekt Hij den zondaar, en zal Hij dan het schaapje verstooten dat afgedwaald was en nu met droefheid tot zijn Herder wederkeert? Die Bruidegom onzer zielen klopt onophoudelijk aan de deur van ons hart. Hij brandt van verlangen om binnen te komen, Hij kent geen grooter vermaak dan zich met ons te vereenigen en ons zijne goederen overvloedig mede te deelen, en zal Hij ons afwijzen, als wij Hem smeeken in ons hart te komen, dat voor Hem openstaat.

Het derde middel, om dit vertrouwen op te wekken, is: ons dikwerf die woorden uit de H. Schrift voor den geest te brengen welke uitdrukkelijk en op allerlei wijzen ons verzekeren, dat al wie op God betrouwt niet zal beschaamd worden. Ziehier eenige plaatsen: *Op U, o Heer, heb ik gehoopt en in eeuwigheid zal ik niet beschaamd worden* [1]). *Wilt niet vreezen* [2]). *Gij zijt mijne sterkte en mijne toevlugt.... in uwe handen beveel ik mijnen geest* [3]).

1) Ps. XXX, 1.   2) Is. XLIII, 1.
3) Ps. XXX, 4, 6.

*Die op den Heer hoopt zal ondersteuning
vinden* [1]. *De Heer is mijn licht en mijn
heil, wien zal ik vreezen* [2]*? Ik weet, dat
mijn Verlosser leeft* [3]. *Zie, God is mijn
Zaligmaker, ik zal met vertrouwen handelen zonder vrees* [4]. *De Heer is de beschermer van mijn leven, voor wien zoude ik
beven* [5]*?*

Het vierde middel, om wantrouwen
op ons zelven en tevens betrouwen op
God te hebben, is: dat wij, zoo dikwerf wij een goed werk verrigten, of
eene drift zullen bestrijden, vooraf onze
blikken werpen zoowel op onze eigene
zwakheid als op de oneindige magt, wijsheid en goedheid Gods; zoodat wij de
vrees, die uit de beschouwing van ons
zelven voortkomt, matigen door het zekere
vertrouwen, dat God ons geeft, en moedig
den hardsten strijd, den moeijelijksten
arbeid durven ondernemen. Met deze
wapenen, vereenigd met het gebed, kan
men de grootste plannen ten uitvoer
brengen en de beslissendste overwinningen behalen.

Maar, zoo wij dezen regel niet vol-

1) Prov. XXIX, 25.   2) Ps. XXVI, 1.
3) Job XIX, 25.   4) Is. XII, 2.
5) Ps. XXVI, 1.

gen, dan, al schijnt het ons toe, dat wij uit een waar betrouwen op God handelen, zullen wij ons dikwijls bedriegen; want de vermetelheid is den mensch zoo eigen, dat zij zich onmerkbaar mengt in 't vertrouwen, dat men op God en in het wantrouwen, dat men van zich zelven meende te hebben. Om dan zooveel mogelijk de vermetelheid te verbannen en bij al onze werken die twee deugden te bezitten, welke tegen die ondeugd overstaan, moet de gedachte aan eigen zwakheid voorafgaan en die van Gods almagt volgen, en aan beide moeten wij denken bij den aanvang onzer werken.

IV.

KENTEEKENEN VAN EEN OPREGT WANTROUWEN OP ONS ZELVEN EN EEN WAAR VERTROUWEN OP GOD.

Een vermetel mensch meent het wantrouwen op zich zelven en het vertrouwen op God te hebben verkregen, maar hij kent zijne dwaling het best, wanneer hij in eenige zonde valt. Als hij dan bovenmate bedroefd, gejaagd, verward en verdrietig wordt, en alle hoop opgeeft van in de deugd toe te nemen, is het een teeken, dat hij zijne hoop niet op God, maar op zich zelven heeft gesteld. En naarmate die angst en kleinmoedigheid grooter zijn, des te schuldiger is men in dit opzigt.

Wanneer daarentegen iemand die zich zelven wantrouwt, maar een groot vertrouwen op God heeft, eene zonde begaat, verwondert hij zich niet, hij heeft niet zulk eene onrust of angst, dewijl hij een gevolg ziet van zijne zwakheid en te weinige bezorgdheid, om zijn vertrouwen op God te vestigen. Zijn val leert hem, minder op eigen krachten te steunen en meer te betrouwen op de hulp van den Almagtige. Hij verfoeit bovenal zijne zonde; hij veroordeelt de drift of slechte gewoonte, die er de oorzaak van was; hij gevoelt eene levendige droefheid, omdat hij God vergramd heeft; maar zijne droefheid, altijd kalm, belet hem niet zijne vorige werkzaamheid te hervatten en zijne hartstogten op nieuw te bestrijden.

Gave God dat deze woorden eens goed overdacht werden door sommige angstvallige Christenen, die, wanneer zij in eenige zonde vallen, zich terstond aan onrust en gejaagdheid overgeven, die

met een wonderlijk ongeduld hun geestelijken leidsman opzoeken, meer om zich
te verlossen van den last dien hun de
eigenliefde veroorzaakt, dan wel uit ware
droefheid van God te hebben vergramd.
Zij doen niet wel, daar hunne eerste
zorg zijn moest: hunne zonde door de
H. Biecht uit te wisschen, en zich tegen
den herval te versterken door het gebed en de H. Communie.

V.

DE KLEINMOEDIGHEID IS GEEN DEUGD.

Het is eene groote dwaling, de vrees
en onrust, die men na de zonde gevoelt,
als eene deugd te beschouwen. Want
ofschoon die ongerustheid van eenige
droefheid vergezeld gaat, komt zij in
den grond uit eigenliefde en hoogmoed
voort en uit eene heimelijke vermetelheid, veroorzaakt door een al te groot
vertrouwen op eigene krachten. Zoodra
zich iemand in de deugd gevestigd waant,
op zich zelven niet meer waakt, de bekoringen niet telt, zal hij spoedig ondervinden, dat hij zwak en zondig is; hij
zal verbaasd staan over zijn val, en zich
beroofd ziende van den zwakken steun

waarop hij gerekend had, geeft hij zich over aan verdrietelijkheid en kleinmoedigheid.

Dit ongeluk overkomt zelden aan die nederigen van harte welke niet op eigen kracht, maar op God alleen steunen. Want als zij gezondigd hebben, zijn zij daarover niet verbaasd: het licht der waarheid toont hun, dat dit een natuurlijk gevolg is van hunne onstandvastigheid en zwakheid.

VI.

EENIGE RAADGEVINGEN OM HET WANTROUWEN OP ZICH ZELVEN EN HET VERTROUWEN OP GOD TE VERKRIJGEN.

Daar ons alle kracht ter overwinning van onzen vijand uit het wantrouwen op ons zelven en het vertrouwen op God komt, meen ik u nog eenige noodzakelijke raadgevingen ter verkrijging dezer deugden te moeten mededeelen.

Een ieder dan vooreerst overtuige zich diep, dat noch natuurlijke gaven, noch verkregene deugden, noch de kennis van heel de H. Schrift, noch godvruchtige oefeningen, eene lange reeks van jaren getrouw verrigt, dat niets met een woord u in staat stelt, Gods wil te volbrengen en aan uwe verpligtingen te voldoen, zoo ·niet zijne almagtige hand u nog versterkt bij iedere voorkomende gelegenheid om eenig goed werk te doen of eene beko- ring te overwinnen, of eenig gevaar te boven te komen, of eenig kruis te dra- gen dat de Voorzienigheid u overzendt.

Deze waarheid moet gij elken dag, in elk geval en in alle omstandigheden uws levens voor oogen hebben, en haar nooit vergeten. Daardoor zult gij u verre hou- den van het vermetel vertrouwen en u niet ligtelijk op eigen krachten verlaten.

Maar om een te vaster hoop op God te hebben, moet gij ook vast gelooven, dat het u evenzeer gemakkelijk is, alle soort van vijanden te overwinnen, hetzij zij veel of weinig, magtig of niet magtig zijn.

Volgens dit beginsel moet eene ziel, al ware zij ook met vele zonden beladen en vol gebreken, en al had zij vruchte- loos alle moeite aangewend om hare ge- breken te verbeteren en de vereischte deugden te beoefenen, ja al zoude zij ook, in plaats van te vorderen in de vol- maaktheid, zich met elken dag nog meer tot het kwaad geneigd voelen, toch nooit het vertrouwen op God verliezen, noch den moed opgeven, of de geestelijke oefeningen nalaten; zij moet zich integendeel meer dan ooit tot nieuwen ijver opwekken en nieuwe pogingen aanwenden om den vijand te verdrijven.

In soortgelijken strijd zult gij altoos overwinnen, als gij slechts moed genoeg hebt om de wapenen niet te verlaten en alles van God te hopen, want zijne hulp ontbreekt denzulken nooit die voor Hem strijden, al laat Hij wel eens toe, dat zij in het gevecht eenige wonden bekomen. Gij moet dan in den strijd ten einde toe volharden, hiervan toch hangt de overwinning af. Wie overigens voor de dienst van God strijdt en in Hem alleen al zijn betrouwen stelt, vindt altijd voor de wonden die hij ontvangt een spoedig en krachtig herstel, en ziet zijn' vijand aan zijne voeten als hij er het minst aan denkt.

VII.

VAN HET GOED GEBRUIK DER ZIELS- EN LIGCHAAMSKRACHTEN; HET VERSTAND MOET VRIJ ZIJN VAN ONWETEND- HEID EN NIEUWSGIERIGHEID.

Indien wij in den geestelijken strijd geene wapenen hadden dan het wantrouwen op ons zelven en het betrouwen op God, zouden wij niet slechts onbekwaam zijn tot het overwinnen onzer driften, maar wij zouden ook dikwijls in groote gebreken vallen. Hierom moet men het goed gebruik der krachten van ziel en ligchaam er bijvoegen: dit is het derde noodzakelijk middel tot de volmaaktheid.

Laten wij, beminde Lezer! eerst over het *verstand* en dan over den *wil* spreken. Het verstand moet van twee groote gebreken vrij zijn: het eene is de onwetendheid, die het belet de waarheid, haar eenig voorwerp, te kennen. Het verstand moet dus door gestadige beoefening de duisternissen verdrijven die het omgeven, zoodat het de geschiktste middelen kunne vinden, om de ziel van hare ongeregelde driften te zuiveren en met deugden te versieren. Hiertoe behoeft het eene tweevoudige hulp.

De eerste en voornaamste is het gebed om licht van den H. Geest, hetwelk Hij nooit weigert aan hen die God met een opregt hart zoeken, gaarne zijne wet volbrengen, en in alle voorvallen hun oordeel aan dat hunner oversten onderwerpen.

Ten tweede moeten wij al wat zich voordoet zorvuldig en ter goeder trouw onderzoeken, niet oordeelen naar den uiterlijken schijn, naar de inlichting onzer zinnen, of de meening der wereld, maar volgens de gedachte die de geest Gods er ons van geeft. Door dit middel· zullen wij duidelijk inzien, dat wat de wereld zoo vurig bemint en op allerlei wijzen najaagt, slechts ijdelheid en zinbedrog is; dat eer en vermaak als een droom voorbijgaan en daarna de ziel met smart en verdriet vervullen; dat smaadheden ons redenen tot roem zijn en het lijden eene bron van vreugde; dat er niets grooter of edelmoediger is, wat ons meer aan God gelijk maakt dan onzen vijanden te vergeven en hun wel te doen; dat het grooter is de wereld te verachten dan meester der wereld te zijn; dat het voordeeliger is, uit liefde tot God aan de geringste der menschen te gehoorzamen, dan over koningen en vorsten te gebieden; dat eene nederige kennis van zich zelven te verkiezen is boven de verhevenste wetenschappen; eindelijk, dat het lofwaardiger is, zich in de kleinste zaken te versterven dan vele steden in te nemen, groote legers te verslaan, wonderwerken te doen, zelfs dooden op te wekken.

VIII.

HOE MEN OVER DE DINGEN VERSTANDIG LEERT OORDEELEN.

De oorzaak waarom men verkeerd over iets oordeelt ligt in de liefde of haat die wij bij de eerste beschouwing daarvan opvatten, en dat dan deze hartstogten, welke de rede voorkomen, het verstand verblinden en de voorwerpen geheel anders doen schijnen dan zij zijn. Al wie zich voor zulk eene gewone en gevaarlijke beoordeeling wil hoeden, moet zorgvuldig over zijn hart waken, niet de minste ongeregelde genegenheid, voor welk voorwerp ook, er in toelaten.

Iedere zaak moeten wij dus eerst met de oogen des verstands beschouwen en naauwkeurig onderzoeken, voordat de wil besluite of het aangenaam of onaangenaam is. Want zoolang het verstand

nog niet vooringenomen is door den hartstogt, kan het zonder beletsel de waarheid van de leugen onderscheiden, het
kwaad kennen, dat onder het dekkleed
van een schijnbaar goed verborgen ligt,
of het goed kennen, dat soms den schijn
heeft van een wezenlijk kwaad. Zoodra
nu de wil begint te beminnen of te haten, is het verstand niet meer zoo vrij
en in staat om naar waarheid te kennen
en te oordeelen; de drift, die de waarheid verbergt, is oorzaak dat het verstand zich daarvan een verkeerd oordeel
vormt; en de wil, die de zaak geheel anders voorstelt dan zij is, verdubbelt deze
genegenheid of afkeer en kan geen maat
meer houden, noch de stem der rede
volgen.

In zulk eene vreemde wanorde en verwarring wordt het verstand meer en meer
verduisterd, en vertoont immer dit voorwerp aan den wil als nog hatelijker of
beminnelijker dan te voren.

Als men dus den regel, dien ik gegeven heb, niet stiptelijk in acht neemt,
dan gaan de twee edelste vermogens der
ziel: ons verstand en onze wil, als in
eenen kring rond, en vervallen van dwaling tot dwaling, van duisternis tot duisternis, van afgrond tot afgrond. Geluk-

kig zij die geen gehechtheid aan eenig schepsel hebben, en die vóór zij beminnen trachten te kennen, wat waarlijk beminnelijk is; gelukkig zij die oordeelen volgens de rede, en bovenal volgens de bovennatuurlijke inlichting die de H. Geest of zelf, of door hunne oversten of zielzorgers hun mededeelt.

Deze raadgeving is somtijds bij zekere uitwendige handelingen die in zich zelven goed zijn noodzakelijker, dan bij andere die minder groot en prijzenswaardig voorkomen, omdat men zich bij de eerste ligter bedriegt en somtijds met al te veel drift en onberadenheid te werk gaat. Men moet zich daar dan niet blindelings in begeven, want het verzuim van eenige omstandigheid van tijd of van plaats kan alles bederven, en tot groote misslagen brengen, zooals blijkt uit het voorbeeld van velen, die bij de heiligste bedieningen en oefeningen zijn verloren gegaan.

IX.

DE NIEUWSGIERIGHEID EEN TWEEDE BELETSEL OM GOED TE OORDEELEN.

Het andere gebrek waarvan wij ons

verstand moeten vrijmaken, is eene al te groote nieuwsgierigheid. Want wanneer wij onzen geest bezig houden met ijdele, belagchelijke, misdadige gedachten, maken wij hem ongeschikt om onze ongeregelde begeerten te versterven, en ons tot de ware volmaaktheid te voeren. Laten wij dan dood zijn voor de aardsche dingen, en deze niet zoeken dan in zooverre zij noodzakelijk zijn, al waren zij ook geoorloofd; laten wij niet te veel vrijheid aan onzen geest geven en niet gedoogen, dat hij zich ijdelijk op alle voorwerpen uitstorte; maken wij hem als onvatbaar voor alle onnoodige wereldsche wetenschap, en luisteren wij nimmer naar ijdele nieuwstijdingen en geruchten; vlugten wij hen die ons enkel over vermaken en wereldsche zaken onderhouden; wij moeten niet te zeer getroffen worden over de verschillende omwentelingen, die hier beneden plaats hebben en zelfs gematigd wezen omtrent de dingen die des hemels zijn; voeren wij onze gedachten niet te hoog op, en houden wij ons tevreden met gedurig den gekruisten Jesus te bidden, zijn leven en zijn dood te overwegen, en te leeren wat Hij van ons verlangt. Laten wij het overige daar, en maken wij ons behagelijk aan dien goddelijken Meester, wiens ware leerlingen Hem alleen datgene vragen wat hun noodig is om Hem te dienen en zijnen wil te volbrengen. Ook is elke begeerte, elke poging daar buiten slechts eigenliefde, geestelijke hoogmoed en een valstrik des Satans.

Christen! indien gij dezen raad opvolgt, dan zult gij u kunnen verdedigen tegen de listen van den bekoorder, die, bij de ijverige beoefenaars van het geestelijk leven een sterken en vasten wil ziende, hen juist van de zijde des verstands aantast, opdat hij door het verstand den wil overwinne, en zich aldus van die beide vermogens der ziel meester make. Daar de Satan hen gaarne wil verschalken, wekt hij hen in het gebed tot hooge gedachten en een verheven gevoel op, vooral wanneer zij nieuwsgierige en spitsvondige geesten zijn, die zich ligt verhoovaardigen en halsstarrig aan hunne eigene denkbeelden en droomen gehecht zijn.

Zijn doel is, dat zij zich met hunne eigen redeneringen vermaken, er genot en smaak in vinden, en dat zij, in eene valsche rust God zelven wanende te genieten, hierdoor vergeten hun hart te zuiveren, tot de kennis van zich zelven te geraken, en de ware versterving te beoefenen, en aldus, gewoon hun eigen zin in alles te raadplegen, zich gaan inbeelden, dat zij niemands raad of leiding meer noodig hebben.

Dit is eene gevaarlijke, bijna onherstelbare kwaal, omdat het veel moeijelijker is, de hoovaardigheid des geestes, dan die van den wil te genezen. Want is de hoogmoed van den wil ontdekt en erkend door het verstand, dan kan men dien genezen door eene vrijwillige onderwerping aan de bevelen van diegenen aan wie men gehoorzamen moet; maar als iemand stellig meent en halsstarrig volhoudt, dat zijn gevoelen beter is dan dat zijner oversten of zielzorgers, wie zal hem dan uit zijne dwaling redden? Hoe zal hij zijne misvatting erkennen? Hoe zal hij zich aan de leiding van een ander onderwerpen, hij die zich zelven wijzer en verlichter acht dan alle anderen te zamen? Indien alleen het verstand, dat het oog der ziel is, de trotschheid van het hart kan zien en genezen, en dit dan ongesteld, blind en vol hoogmoed is, wie zal dan eenig hulpmiddel voor zijne kwaal kunnen vinden? Indien het licht in duisternis verkeert, en wat tot regel moet dienen valsch en bedriegelijk is, wat zal dan al het overige wezen?

Pogen wij ons dan zoo spoedig mogelijk van eene zoo verderfelijke ondeugd te ontdoen, en dulden wij niet, dat zij den grond van ons hart bederve; maken wij ons gewoon, ons oordeel aan dat van anderen te onderwerpen, niet al te verfijnd te willen zijn in geestelijke zaken, maar die dwaasheid en eenvoudigheid te beminnen, welke de groote Apostel [1] ons zoozeer aanbeveelt.

X.

DE OEFENING VAN DEN WIL, HET DOEL WAARHEEN WIJ AL ONZE IN- EN UITWENDIGE WERKEN MOETEN RIGTEN.

Na de gebreken des verstands te hebben verbeterd, is het noodig die van onzen wil te bestrijden, opdat deze zijne eigene genegenheden verloochene en zich geheel naar den goddelijken wil schikke.

Bemerk dan, dat het niet genoeg is, te willen of zelfs te doen wat God het behagelijkst is; men moet het daarenboven willen en doen door zijne genade en om aan Hem te behagen. Hierin

1) 1e Cor. III, 18.

voornamelijk hebben wij te strijden tegen de natuur, die altijd zoo begeerig is om te behagen, dat zij in alles en somtijds meer nog in geestelijke dan in andere zaken hare eigene bevrediging zoekt, en te onbeschroomder zich zelve voldoet, omdat zij er niets kwaads in ziet. Biedt zich somtijds eene gelegenheid aan tot het verrigten van een goed werk, dan gevoelen wij ons terstond daartoe geneigd, niet juist met het eenige doel om God te behagen, maar om een zeker vermaak, dat wij somtijds vinden in de dingen te doen die God ons gebiedt.

Deze begoocheling is moeijelijker te onderscheiden naarmate het voorwerp onzer genegenheid en begeerte in zich zelve beter is. Wie zou gelooven, dat de eigenliefde, zoo verkeerd als zij is, ons aanspoort om ons met God te vereenigen, en dat wij, bij de begeerte van God te bezitten, dikwijls meer het oog hebben op ons eigen voordeel dan op zijne verheerlijking en de vervulling van zijn wil: hetgeen toch het eenige doel is, dat zij moeten beoogen die Hem beminnen, Hem zoeken en zijne wet willen volbrengen? Om zulk een gevaarlijke klip te vermijden en ons te gewennen, dat wij niets willen of doen dan volgens de ingeving van den goddelijken geest, en met de zuivere meening van Hem te behagen, die niet slechts het eerste beginsel maar ook het laatste einde van al onze daden moet zijn, dient men het volgende in acht te nemen:

Wanneer zich de gelegenheid voordoet om eenig goed werk te verrigten, laten wij het dan niet terstond verlangen of er genegenheid voor opvatten, maar eerst onzen geest tot God verheffen om zijn heiligen wil te leeren kennen, en te onderzoeken of wij die daad wel enkel begeeren, omdat het Hem aangenaam is. Op deze wijze zal onze wil, voorkomen en geregeld door den wil van God, beminnen wat Hij bemint, en dat alleen om Hem volkomen te behagen en zijne glorie te bevorderen.

Men moet echter opmerken, dat men niet gemakkelijk de listen der bedorven natuur ontdekt, die onder schoonschijnende voorwendselen heimelijk zich zelve zoekt, en ons doet gelooven, dat wij in al onze werken geen ander inzigt hebben, dan iets behagelijks voor God te doen. Van daar komt, dat wat wij omhelzen of verwerpen, alleen om ons zelven te voldoen, door ons geacht wordt, omhelsd of verworpen te zijn uit begeerte om aan God te behagen of uit vrees van Hem te mishagen.

Het beste en krachtigste middel tegen dit kwaad is de zuiverheid des harten, waarop zij, die den geestelijken strijd beginnen, zich moeten toeleggen, door zich van den ouden mensch te ontdoen en den nieuwen aan te trekken.

Om de heilrijke gevolgen van dit middel te ondervinden, moeten wij ons bij het begin onzer werken pogen te zuiveren van alle menschelijke inzigten, en niets willen beminnen of haten dan omdat God het wil of haat. Indien wij bij al onze handelingen, vooral bij de bewegingen van ons hart en ook bij die uitwendige daden, welke spoedig voorbij gaan, niet altijd den oogenblikkelijken indruk eener zuivere meening gevoelen, laten wij dan ten minste zorgen, dat over 't geheel onze zielsgesteltenis zoodanig zij, en wij in den grond van ons hart eene ware begeerte behouden om aan God alleen te behagen. Maar in goede werken, die lang van duur zijn, is het niet genoeg, dat wij onze meening tot dat einde rigten, wij moeten haar dikwijls vernieuwen en in hare zuiverheid en kracht onderhouden. Anders zijn wij in groot gevaar van ons door de eigenliefde te laten verblinden, die, altoos gereed, den Schepper voor het schepsel te verlaten, ons in weinig tijds en bijna ongemerkt van voorwerp en meening zou doen veranderen.

Een mensch, die wel goed maar niet waakzaam genoeg is, begint dikwerf zijn werk met geen ander inzigt dan om aan God te behagen; maar lángzamerhand en zonder er aan te denken, daalt hij af 'tot de ijdele glorie, zoodat hij, niet meer aan den goddelijken wil denkende, die hem eerst deed handelen, zich alleen aan het genoegen hecht dat hij in zijn werk vindt, en in 't eind niets anders dan eigen voordeel of roem op het oog heeft.

Indien op een oogenblik dat hij zich van den goeden uitslag zeker waant, God hem belet het begonnen werk voort te zetten, hetzij door eenige ziekte of andere tegenspoeden of door welk beletsel ook, dan wordt hij verdrietig, zoo zelfs dat hij mort, nu tegen deze dan tegen gene, en somtijds tegen God zelven. Hieruit ziet men duidelijk, dat zijne meening niet zuiver was en uit een slecht beginsel voortkwam. Want al wie handelt door de genade en met de meening om aan God alleen te behagen, heeft evenveel genegenheid voor het eene als voor het andere, en zoo hij iets begeert, wenscht hij het slechts op die wijze en op dien tijd als het God behagen zal. Altijd onderworpen aan de beschikkingen der Voorzienigheid, behoudt hij altijd dezelfde kalmte en rust, welken uitslag zijne plannen ook mogen hebben, omdat hij slechts ééne zaak wil: *dat Gods heilige wil geschiede.*

Dat ieder dan in zich zelven trede en zorge, al zijne werken tot zulk een voortreffelijk en edel doel te rigten. En indien iemand zich soms gestemd voelt om goede werken te doen, ten einde zich van de helsche straffen te bevrijden, of om de zaligheid des hemels te verdienen, kan hij zich nog als laatste einde voorstellen, aan God te gehoorzamen, die wil, dat men den hemel verdient en de hel ontvlugt.

Men kan niet gelooven, hoe groot de kracht dezer beweegreden is; want het geringste werk, dat men enkel om God doet, is van veel grooter waarde dan vele andere, die ook zeer goed en verdienstelijk, maar met een ander inzigt verrigt worden. Daardoor is eene kleine aalmoes, aan een arme tot verheerlijking alleen der goddelijke majesteit gegeven, aan God veel aangenamer, dan dat men om eenig ander einde groote schatten verliet, zelfs al deed men het om de hemelsche goederen te verwerven, ofschoon dit doel zeer te prijzen en wel waardig is, dat men het zich voorstelle.

Deze zoo heilige oefening van al onze werken enkel te doen om aan God te behagen, zal ons in het begin wel moei- jelijk zijn, maar langzamerhand gemak- kelijk en zelfs aangenaam worden, in- dien wij slechts God van ganscher harte zoeken, ophoudelijk naar Hem verzuch- ten als ons eenigste en opperste goed, die uit zich zelven verdient, dat alle schepselen Hem boven alles zoeken, eeren en beminnen. Hoe meer wij Gods groot- heid en beminnelijkheid overwegen, des te veelvuldiger zullen wij eene levende en teedere genegenheid in ons hart ge- voelen, en daardoor gemakkelijker en spoediger al onze werken tot zijne eer leeren verrigten.

Een laatst middel om alles uit die verheven beweegreden te doen, is een vurig gebed om die genade, en dikwijls te denken aan de tallooze en overgroote weldaden, die Hij ons bewezen heeft en nog ieder uur uit eene zoo belang- looze als zuivere liefde bewijst.

XI.

EENIGE MIDDELEN OM ALTIJD GODS H. WIL TE VOLBRENGEN.

Om onzen wil gemakkelijker te onderwerpen en niet anders te willen dan wat God wil, moeten wij ons te binnen brengen, dat Hij het eerst ons duizende blijken zijner liefde gegeven heeft. Hij heeft ons uit het niet getrokken, naar zijn beeld geschapen en alle andere schepselen tot onze dienst gesteld; Hij heeft, een' Verlosser ons willende geven, niet een' Engel gezonden, maar zijn' eigen Zoon, die de wereld heeft vrijgekocht, *niet voor den prijs van zilver of goud, dat bederfelijke dingen zijn, maar voor den prijs van zijn kostbaar bloed* [1]), en door zijnen zoo smadelijken als smartelijken dood. Hij ook beschermt ons bestendig tegen de woede onzer vijanden. Hij strijdt voor ons door zijne genade, en is, om ons en te voeden en te verdedigen, altijd bereid, ons het goddelijke vleesch van zijnen Zoon aan de H. Tafel te schenken

Zijn dit geen groote bewijzer.   ·de

1) I Petr. I, 18.

liefde welke die groote God ons toedraagt? Wie kan begrijpen, tot hoever zijne liefde gaat voor arme en geringe schepselen als wij zijn, en hoe groot moet onze dankbaarheid dan niet wezen jegens den liefderijksten weldoener, die zooveel voor ons gedaan heeft? Indien de grooten dezer aarde, als zij zich geëerd zien door wie naar geboorte of fortuin beneden hen staan, meenen ook hun eenige eer te moeten bewijzen: welke hulde zijn nietige aardwormen dan verschuldigd aan den Opperheer der wereld, die hun zooveel bewijzen zijner welwillendheid en liefde geeft? Doch wij moeten bovenal bedenken, dat die God van oneindige majesteit regt heeft, door ons gediend te worden uit eene allerzuiverste liefde die enkel zoekt aan Hem te behagen.

XII.

DE TWEE WILLEN DIE ELKANDER ONOPHOUDELIJK BEOORLOGEN.

Er is in den mensch een tweevoudige wil, een hoogere of eerste wil, zoo genoemd omdat hij de wil der rede is, of een der drie vermogens van de ziel; de andere is de wil der zinnen, ook zinnelijke wil genoemd, of liever begeerlijkheid, drift en hartstogt. De redelijke wil heeft boven zich den heiligen wil van God, en beneden zich den zinnelijken wil of de begeerlijkheid en hartstogt. De redelijke wil, als in het midden geplaatst, heeft een onophoudelijken strijd te voeren; want God roept en noodigt in zijne oneindige goedheid den redelijken wil tot de deugd; de begeerlijkheid en de hartstogt trekken hem tot het zinnelijke en de ondeugd. Van daar die groote moeijelijkheden welke zij ondervinden, die, na zich in hunne jeugd slechte gewoonten te hebben eigen gemaakt, eindelijk het besluit nemen, om hun leven te veranderen, hun vleesch te onderdrukken en met de wereld te breken, om zich geheel aan den dienst van God toe te wijden. Want hun wil wordt gelijktijdig aangegrepen en door den goddelijken wil, die hen uitnoodigt tot het goede, en door de zinnelijke begeerte, die hen tot het kwade trekt; werwaarts zij zich ook wenden, kunnen zij niet dan met moeite aan de liefde van den eenen kant en aan den aanval van de andere zijde weerstand bieden.

Zulk een harden strijd hebben zij niet te verduren, die sedert langen tijd aan de deugd of de ondeugd gewoon zijn en willen voortleven, zooals zij tot dusverre hebben geleefd. Want de ware Christenen regelen zich naar den wil van God; maar die door de ondeugd bedorven zijn volgen de zinnelijkheid. Niemand echter moet zich inbeelden, in de deugd en de dienst van God te kunnen vorderen, indien hij niet mannelijk besluit, zich zelven geweld aan te doen en door een magtigen strijd tegen de natuur, de moeijelijkheid te overwinnen die het heeft om alle wereldsche vermaken vaarwel te zeggen, zoo groote als kleine, waaraan hij eenige zondige gehechtheid heeft gehad.

Van daar zijn er zoo weinigen, die tot een hoogen trap van volmaaktheid geraken. Want nadat zij de grootste moeijelijkheden zijn te boven gekomen, verliezen zij den moed en weten zich in het kleine niet te overwinnen, noch eenige zwakke overblijfselen van hun eigen wil te vernietigen, of hunne kleine driften te beteugelen, die, van dag tot dag sterker wordende, eindelijk hun hart geheel overmeesteren.

Er zijn vele Christenen die b. v. het goed van een ander niet rooven, maar het hunne hartstogtelijk beminnen. Zij gebruiken geen ongeoorloofde middelen om zich wereldsche eer te verschaffen, maar verwerpen geenszins die ijdele eer en lof; integendeel, zij verlangen die, en trachten langs andere wegen, welke hun wettig toeschijnen, er toe te geraken. Zij volbrengen de vastedagen, door de Kerk voorgeschreven, maar kunnen zich toch niet genoeg in het gebruik van drank bedwingen. Zij zijn kuisch en ingetogen, maar zij onthouden zich niet van zekere vermaken, die hun groote beletselen zijn voor de oefeningen van het geestelijke leven en hunne innige vereeniging met God.

Deze schadelijke gewoonten brengen de braafste menschen in gevaar, hoeveel te meer dan hen, die er de ongelukkige gevolgen niet van vreezen? O Christenen! laten wij die fouten dan met de meeste zorg bestrijden, anders doet men het grootste deel zijner goede werken zeer zeker met een geest van laauwheid, en ongetwijfeld mengt men er zeer veel eigenliefde onder, menschelijk opzigt, verborgen onvolmaaktheden, achting voor zich zelven, zucht om te schitteren en door de wereld toegejuicht te worden. Die deze raadgeving minachten, maken niet alleen geen voortgang op den weg hunner zaligheid, maar loopen ook gevaar van in hunne vorige ondeugden te hervallen, omdat zij geene degelijke deugd zoeken, niet dankbaar zijn voor de hun verleende genade, dat God hen van de slavernij des duivels bévrijdde, blind zijn voor het gevaar waarin zij verkeeren en in eenen bedriegelijken vrede en rust insluimeren.

Men moet hier een bedrog opmerken dat des te meer te vreezen is, als het moeijelijker te ontdekken valt. Velen, die het geestelijke leven omhelzen, beminnen te veel zich zelven, en kiezen daarvoor die oefeningen, welke hun het meest bevallen, en verwaarloozen de andere, welke niet van hunnen smaak zijn, hunne natuurlijke geneigdheid stuiten en hunne zinnelijke driften dooden, waartegen zij al hunne krachten in den geestelijken strijd moesten keeren. Ik kan u, beminde Christenen! niet genoeg vermanen, u toch de moeijelijkheden en bezwaren te getroosten, welke deze zelfbestrijding medebrengt, en hoe meer moed gij toonen zult om de eerste moeijelijkheden te boven te komen, des te spoediger en zekerder zal uwe overwinning zijn. Indien gij u eeniglijk de lasten van dezen krijg voorstelt, en niet te spoedig naar de overwinning haakt, zult gij, wat gij beoogt, te gemakkelijker en zekerder verkrijgen.

XIII.

STRIJD TEGEN DE ZINNELIJKHEID; MIDDELEN OM ZICH IN DE DEUGD TE OEFENEN, VOORNAMELIJK IN HET GEDULD.

Wanneer gij, beminde Christenen! bemerkt, dat van den eenen kant God door zijne liefde u trekt, en van den anderen de zinnelijkheid zich van u zoekt meester te maken, moet gij de volgende middelen gebruiken, om de overwinning naar de zijde van God te doen overhellen.

Zoodra de eerste bewegingen der zinnelijke begeerte zich tegen de rede verheffen, moet gij die terugstooten, uit vrees dat de wil daarin mogt toestemmen.

't Is vervolgens van het hoogste belang, juist oefeningen dier deugden te verwekken, welke tegen de ondeugden overstaan, waarvan men zich ontdoen wil. Het volgende voorbeeld zal dit toelichten.

Gij zijt misschien, beminde Lezer! verdrietig en ongeduldig van aard; nu moet gij eerst in u zelven keeren en beschouwen wat er in uw hart omgaat. Gij zult onge-

twijfeld zien, dat het verdriet, dit ongeduld uit uw zinnelijken wil ontstond en
tot den. redelijken wil zoekt op te klimmen en dien tracht te vermeesteren.
Handel nu volgens den eersten raad dien
ik hierboven gaf; doe uw best om de
eerste opwelling te stuiten, en te beletten, dat de redelijke wil worde overge-
haald. Zorg dat gij den kamp niet opgeeft, voordat uw vijand verslagen en
gedwongen is zich aan de rede over te
geven.

Doch bemerk hier eene zonderlinge
kunstgreep van den boozen geest! Wanneer hij ziet, dat gij moedig aan eenige
hevige drift weerstand biedt, houdt hij
niet alleen op, die in uw hart te verwekken, maar zoekt die zelfs voor een
tijd uit te dooven. Zijn doel is, u te beletten, door een krachtigen wederstand de
tegenovergestelde deugd te verkrijgen en
u vervolgens gevoelens van ijdelheid in te
boezemen, en te doen gelooven, dat gij
als een dapper soldaat in weinig tijds
den vijand verslagen hebt. Daarom is het
soms geraden, — wij zonderen de bekoringen tegen het geloof en de zuiverheid
uit, waarover wij later zullen spreken, —
een tweeden slag te leveren, en in dit
geval die gedachten, welke u ongeduld

of verdriet veroorzaakt hebben, weder
voor den geest te halen, en, zoodra zij
eenige aandoening willen gaande maken,
die met al de kracht van den wil bedwingen en bestrijden, totdat gij er niet
slechts afkeer, maar verachting en afschuw tegen gevoelt.

Eindelijk zult gij, om uwe ziel met
deugden te versieren, vele oefeningen
moeten verrigten van die deugden welke
met uwe ongeregelde driften het meeet
in strijd zijn. Wilt gij b. v. volkomen
geduldig zijn, wanneer gij veracht of
kwalijk bejegend wordt, denk dan niet,
dat het ter verwinning der bekoring
genoeg is, de bovengenoemde wapenen
te gebruiken, gij moet daarenboven gaarne
willen veracht worden, dit zelfs wenschen, en u voorstellen nog grootere
versmading te zullen lijden.

Men kan zich in de deugd niet volmaken, zonder die oefeningen, welke
tegen de ondeugden overstaan waarvan
men zich wil beteren; omdat alle andere
oefeningen, hoe krachtig en talrijk ook,
den wortel van het kwaad niet uitroeijen.
Aldus, om bij hetzelfde voorbeeld te
blijven, schoon gij, als gij veracht wordt,
in die eerste opwellingen van ongeduld
niet toestemt, maar ze bestrijdt en wel

op die wijze als wij gezegd hebben, moet gij echter de versmading ook nog willen beminnen; anders zult gij nimmer den wortel uwer ongeduldigheid uitroeijen, die haar oorsprong heeft in eene te groote vrees van door de wereld versmaad, én in een te vurig verlangen van door haar geacht te worden. Want zoolang die wortel in uw hart blijft, zal hij altoos opwerken en uwe deugd zal verzwakken; welligt zelfs zult gij u langzamerhand van alle deugd ontbloot vinden, met gevaar van in uwe vorige ongeregeldheden terug te vallen.

Reken dus niet op bestendige deugd, zoolang gij niet door veelvuldige akten dier zelfde deugden de ondeugden uitroeit, die er mede in strijd zijn. Ik zeg door veelvuldige akten; want gelijk er vele zonden noodig zijn voor eene zondige, zoo ook vele daden van deugd voor eene heilige gewoonte. Er worden zelfs meer daden van deugd om eene heilige dan zonden vereischt om eene slechte gewoonte te vormen, wijl de bedorvenheid der natuur altijd de laatste versterkt en de eerste verzwakt.

Hierbij moet gij opmerken, dat de deugd, die gij verkrijgen wilt, ook door eenige uitwendige oefeningen, aan de innerlijke beantwoordende, moet ondersteund worden. Gij moet b. v. ter beoefening van het geduld niet enkel met liefde en zachtmoedigheid spreken, maar ook alle mogelijke diensten bewijzen aan hem die u beleedigd heeft, wie hij ook zijn moge. En ofschoon die akten, hetzij innerlijke of uiterlijke, u zwak toeschijnen, en gij ze niet dan met den uitersten weerzin doet, wacht u evenwel ze na te laten; want hoe zwak zij ook zijn, zij zullen u in den strijd ondersteunen en krachtige middelen zijn om de overwinning te behalen.

Mijn zoon! waak dan over uw binnenste, en houd u niet tevreden met enkel de hevigste bewegingen der driften te beteugelen, doof ook de minste uit, want zij bereiden gewoonlijk tot de andere driften voor, waaruit in 't eind de zondige gewoonten ontstaan! Wij weten bij ondervinding, dat velen, die verzuimden hunne driften in 't kleine te bedwingen, hoewel zij moed genoeg betoond hadden om zich bij gewigtige omstandigheden te beteugelen, op het oogenblik dat zij er het minst aan dachten, heviger en gevaarlijker dan ooit door die vijanden werden aangetast, die zij slechts ten halve verwonnen hadden.

Ik heb u hier nog een belangrijken raad te geven, dat is: versterf u dikwerf in hetgene u wel geoorloofd, maar niet noodzakelijk is! Hieruit zult gij veel voordeel trekken en u daardoor in andere dingen te ligter overwinnen, gij zult meer gehard en gesterkt worden tegen de bekoring en u tevens zeer behagelijk aan God maken.

Mijn vriend! ik zeg u opregt wat ik denk, word niet moede van die heilige oefeningen aan te wenden, die ik u geleerd heb, en gij tot verbetering van uw binnenste wel behoeft! Weldra zult gij eene roemrijke overwinning op u zelven behalen, in korten tijd grooten voortgang in de deugd maken en een geestelijk mensch worden niet bij naam slechts, maar in waarheid en daad.

Bijaldien gij andere wegen inslaat, gij moogt ze voor uitmuntend houden, er groote geestelijke genoegens in smaken en daarin eene innige [gemeenschap met God meenen te hebben, wees niettemin verzekerd, dat gij nooit grondig in de deugd zult gevestigd worden, of weten zult wat het ware geestelijke leven is Want dit, zooals ik in het eerste hoofdstuk heb aangetoond, bestaat niet in zoete oefeningen, die de natuur vleijen, maar in die, welke de natuur met hare ongeregelde driften en begeerten bestrijden en kruisigen; daardoor eerst zal die mensch, inwendig door de deugden vernieuwd, die hij verworven heeft, zich innig met zijnen Schepper en zijn gekruisten Zaligmaker kunnen vereenigen. Gelijk de zondige gewoonten in ons ontstaan door vele akten van den wil, als deze bezwijkt voor den zinnelijken lust, zoo ook worden de christelijke deugden door vele daden van den wil verkregen, wanneer deze zich schikt naar den wil van God, die de ziel nu tot deze dan tot gene deugd opwekt. En even als de wil, wat pogingen de lagere begeerlijkheid ook aanwende, niet misdadig kan wezen, zoo hij niet toestemt; zoo kan hij ook niet heilig en met God vereenigd zijn, tenzij hij met de genade niet bloot door inwendige, maar ook waar 't gevorderd wordt door uitwendige akten medewerke.

XIV.

MIDDELEN WANNEER DE ZWAKKE WIL BIJNA DOOR DE BEKORING OVERWONNEN WORDT.

Indien gij somtijds denkt, dat uw wil

te zwak is om de lagere begeerlijkheid en de overige vijanden, die hem willen overmeesteren, te wederstaan, en gij u dan niet moedig en besloten genoeg voelt om hunne aanvallen uit te staan, houd u dan toch standvastig en verlaat den strijd niet; denk dat gij nog overwint, zoolang het niet blijkt, dat gij geheel en al overwonnen zijt! Inderdaad, gelijk uw wil geen toestemming behoeft van die lagere begeerlijkheid om te doen wat hem behaagt, zoo ook, wat geweld hij van dien inwendigen vijand lijde, behoudt hij altoos het geheele gebruik van zijne vrijheid; want God heeft aan onzen wil eene zoo volstrekte magt en heerschappij gegeven, dat, wanneer alle zinnen, alle driften, alle duivelen, alle schepselen zamenspanden, zij dien wil niet konden beletten te doen wat hij wil, of niet te doen wat hij niet wil, en dat zoo dikwerf en zoo lang en tot dat doel en op die wijze als het hem goeddunkt.

Indien evenwel de bekoring zoo hevig is, dat een zwakke en bijna bezweken wil niet de noodige kracht schijnt té hebben om te wederstaan, wacht u wel den moed te verliezen en de wapenen neêr te leggen! Roep en bid dan ten minste, en verdedig u door tot den bekoorder te zeggen: ga van hier, satan! ik wil liever duizendmaal sterven dan in uwe schandelijke ingevingen toestemmen. Doe als iemand die met een hardnekkigen vijand handgemeen is, en met den degen hem niet kunnende doorsteken, met het gevest hem slaat en treft, waar hij kan: zie, hoe hij zich tracht los te maken, eenige schreden terugtreedt en weder op zijn bestrijder afgaat, om hem den doodsteek toe te brengen. Zoo moet gij een oogenblik in u zelven keeren, denken dat gij uit u zelven niets zijt en niets kunt, om u daarna met een edelmoedig vertrouwen op Gods alvermogen te bezielen en met zijne genade de drift, die u beheerscht, aan te tasten en te verwinnen. Ja, dan moet gij zeggen: help mij, mijn Heer en mijn God! help mij. Jesus! Maria! verlaat uw dienaar niet, laat niet toe dat ik in de bekoring bezwijke!

Maar indien de vijand u eenige verpoozing laat, roep uw verstand ter hulp van den wil en versterk dezen door verschillende overwegingen, die uwen moed opwekken en hem tot den strijd aanwakkeren! Indien gij b. v. onregtvaardig vervolgd of op eene andere wijze verdrukt wordt, of u in eene zware droefheid hevig tot ongeduld bekoord voelt, zoodat gij niets {meer zoudt kunnen of willen lijden, tracht dan weêr moed te scheppen door eene ernstige beschouwing der volgende of diergelijke waarheden!

1. Zie, of gij het kwaad, wat gij lijdt, niet verdient en zelf geen oorzaak zijt van dat ongeluk; want zoo het uw eigen schuld is, vordert de rede, dat gij eene wond geduldig verdraagt, die gij u met eigen hand hebt toegebragt!

2. Maar in gevalle gij u daaromtrent niets hebt te verwijten, werp dan een blik op uwe vorige zonden, waarvoor de goddelijke regtvaardigheid u nog niet heeft gestraft, of die gij nog door geen billijke boetdoening hebt uitgewischt! En wanneer gij dan ziet, dat God in zijne barmhartigheid de straf die gij verdient, en die lang van duur in het vagevuur of eeuwig in de hel had moeten zijn, in eene ligtere en kortere straf verandert, ontvang die dan met geduld niet alleen, maar zelfs met vreugde en met dankbaarheid!

3. Indien gij meenen mogt, dat gij slechts weinig fouten begaan en veel boetvaardigheid gepleegd hebt, bedenk dan, dat gij het rijk der hemelen niet kunt binnentreden dan door de enge deur van vele kwellingen en beproevingen.

4. Bedenk daarenboven, dat, al kon men ook den hemel door eene andere deur ingaan, dan nog de bloote wet der zuivere liefde tot God u dat verlangen en die gedachte moest benemen, daar de Zoon van God en alle Heiligen na Hem het kruis hebben gedragen en langs een weg vol doornen den hemel zijn ingegaan!

Maar wat gij hier voornamelijk en in alles moet beschouwen, is de heilige wil van God, die u zoozeer bemint, dat Hij er een bijzonder welbehagen in schept, u heldhaftige deugden te zien beoefenen, en door deze bewijzen van uwen moed en uwe getrouwheid zijne liefde beantwoord te vinden. Weet verder, dat, hoe onregtvaardiger en daarom hoe ondragelijker die vervolging voor u moge wezen, God des te hooger uwe standvastigheid zal schatten, omdat gij te midden uwer kwellingen zijne oordeelen aanbidden en u aan zijne voorzienigheid zult onderwerpen, die de droevigste voorvallen ten goede keert, en den haat onzer vijanden tot onze zaligheid doet strekken!

XV.

MEN MOET VOORTDUREND STRIJDEN EN NIMMER DEN MOED OPGEVEN.

Gij hebt gezien, op wat wijze men moet strijden, om zich zelven te kunnen overwinnen en met deugden te verrijken. Maar voor eene gemakkelijke en spoedige overwinning is het niet genoeg, een enkelen keer te strijden en zijn moed te toonen, het is noodig zoolang tot den strijd terug te keeren, vooral tegen de eigenliefde, dat wij hen, die ons het zwaarst en bitterst beleedigen, als onze vrienden kunnen beschouwen. Verzuimt gij zulk een strijd, dan worden alligt uwe overwinningen bezwaarlijker, onvolkomener, zeldzamer en van korten duur. Strijd dan met veel standvastigheid, en onttrek u niet om uwe natuurlijke zwakheid; zoo u de kracht ontbreekt, vraag die aan God en Hij zal ze u geven!

Bedenk daarbij, dat, al is de magt uwer vijanden groot en hunne menigte ontelbaar, de liefde, die God u toedraagt, nog oneindig grooter is, en de Engelen des hemels die u verdedigen, en de Heiligen die voor u bidden, nog veel grooter in getal zijn.

Deze gedachten hebben zelfs zwakke vrouwen en kinderen zoozeer bemoedigd, dat zij alle listen der wereld overwonnen, alle aanloksclen van het vleesch wederstaan en over de woede van heel de hel hebben gezegevierd. Daarom moet gij u niet laten afschrikken, al schijnen u de pogingen van zoo vele vijanden bezwaarlijk te wederstaan, al meent gij dat deze strijd slechts met uwen dood zal eindigen, en gij van vele zijden met een bijkans zekeren ondergang bedreigd wordt. Want gij moet nog weten, dat geen geweld of list uwer vijanden u kan deren, zonder toelating van Hem voor wiens eer gij strijdt. En daar God u gaarne ziet strijden en zelf u aanmoedigt, zal Hij niet toelaten, dat zij, die uw ondergang hebben gezworen, hunne booze plannen ten uitvoer brengen; Hij zelf zal voor u strijden, en u vroeg of laat met veel voordeel de overwinning geven, al zoude Hij ook den laatsten dag van uw leven afwachten.

Wat Hij van u verlangt is, dat gij u dapper verdedigt, en al wierdt gij ook met wonden overdekt, toch de wapens niet verlaat, noch de vlugt neemt. Denk, om u nog meer aan te moedigen, dat die krijg tegen de driften onvermijdelijk is, en gij noodzakelijk moet strijden of omkomen voor altoos; want gij hebt te doen met zoo woedende en hardnekkige vijanden, dat het onmogelijk is, met hen eenigen vrede of stilstand te sluiten!

XVI.

DE CHRISTELIJKE KRIJGSMAN MOET ZICH VAN DEN MORGEN AF TOT DEN STRIJD BEREIDEN.

Des morgens bij uw ontwaken moet gij de oogen uwer ziel openen en u als op een slagveld geplaatst beschouwen, tegenover den vijand, en in de noodzakelijkheid van te strijden of voor altoos om te komen. Stel u dan voor, dat gij dien vijand voor u hebt, die niets anders is dan eene ondeugd, een ongeregelde hartstogt, of de hoogmoed, of de gramschap, of de eigenliefde, of de zinnelijkheid, waarvan gij u sedert eenigen tijd hebt trachten te ontdoen! Stel u voor, zeg ik, dat dit woedende monster zich op u werpt om u te verslinden. Verbeeld u te gelijker tijd aan uwe regterhand Jesus Christus te zien, uw onverwinnelijk Hoofd, verzeld van Maria en Jozef, alsmede van vele scharen van Engelen en Zaligen en

vooral van den roemrijken Aartsengel
Michaël, en denk u ter linkerzijde Lucifer
met zijne trawanten en dienaren, besloten om die drift of ondeugd, welke gij
te bestrijden hebt, te ondersteunen, en
die alles in het werk stellen om u te
doen bezwijken!

Verbeeld u, in uw hart de stem van
uwen Engelbewaarder te hooren, die u
zegt: heden moet gij uwe uiterste krachten inspannen, om dezen vijand en al wie
tegen u hebben zamengespannen te overwinnen! Heb goeden moed, laat u niet
overwinnen noch door ijdele vrees, noch
door welke bedenking ook, want Jesus,
uw goddelijk Hoofd, is hier bij u met de
legerscharen des hemels, om u te verdedigen tegen al wie u den oorlog aandoen, en Hij zal niet gedoogen, dat zij
u ooit onder hunne magt brengen noch
door geweld, noch door list! Houd stand,
en wat moeite het u koste, doe u geweld aan, roep tot den Heer uit het
diepste van uw hart; roep gedurig Jesus
en Maria aan, bid alle Heiligen dat zij
u helpen, en twijfel dan niet meer of
gij de overwinning zult behalen!

Hoe zwak gij u ook gevoelt, hoe geducht uwe vijanden in magt en getal u
toeschijnen, vrees niets; want de leger-

benden, die van den hemel u te hulp komen, zijn talrijker dan die de hel tegen u uitzendt. De God, die u geschapen en verlost heeft, is almagtig. Hij bemint en beschermt u, en heeft onvergelijkelijk meer verlangen naar uwe zaligheid, dan de duivel naar uw verderf.

Strijd dan dapper, versterf u zonder ophouden; want door gedurig uwe verkeerde neigingen en zondige gewoonten den oorlog aan te doen, zult gij eindelijk de overwinning verwerven en zoo het rijk der hemelen binnengaan, waar de ziel altijd met God vereenigd blijft; begin dan van nu af in den naam Gods te strijden, terwijl gij voor zwaard en schild neemt: het *wantrouwen op u zelven*, het *betrouwen op God*, het *gebed* en de *heilige oefening uwer geestelijke krachten!*

Met die wapenen zult gij den vijand aantasten, ik wil zeggen: die hoofddrift van hoogmoed, van onzuiverheid of zinnelijkheid, die gij wilt overwinnen, hetzij door eene edelmoedige versmading, hetzij door een krachtig verzet, hetzij door herhaalde akten van die deugd, welke tegenover uwe hoofddrift staat, of door andere middelen die de hemel u zal verschaffen. Gun u toch geen rust, voor gij haar geheel ten onder gebragt hebt, en gij zult voor uwe standvastigheid de kroon uit de hand van den oppersten Regter ontvangen, die met heel de zegevierende Kerk uwen strijd zal aanschouwen!

Ik zeg het nog eens, gij moet dien krijg niet moede worden. Gij weet immers, dat alle menschen God dienen en zoeken moeten Hem te behagen; gij weet, dat de strijd noodzakelijk is; dat gij de vlugt niet kunt nemen zonder gevaar van gekwetst te worden en zelfs het leven te verliezen. En indien gij u al aan de zinnelijke vermaken overgeeft, zoudt gij toch van alle moeijelijkheden niet bevrijd zijn, daar gij tegen wil en dank, zoowel naar het ligchaam als naar de ziel, veel zoudt moeten uitstaan, om die zinnelijkheid en eerzucht te voldoen. Is er grooter dwaasheid dan in het leven zulk wreed en hard lijden der driften niet te vreezen, dat door eene eeuwigheid van folteringen wordt gevolgd, en wel te vreezen voor eenige ligte bezwaren, die eindigen met eene eeuwigheid van geluk en met eene rust, waarin men voor altoos Gods aanschouwing zal genieten?

XVII.

WELKE ORDE IN HET BESTRIJDEN DER DRIFTEN TE VOLGEN.

Het is van het uiterste belang, de orde te weten, welke gij in 't bestrijden der driften en ondeugden te volgen hebt, om niet blindelings te handelen en in de lucht te slaan, gelijk velen, die hierdoor bijna alle vrucht van hunne moeite verliezen.

Begin, mijn vriend! met zorgvuldig in u zelven te treden; onderzoek, welke uwe gewone gedachten en genegenheden zijn; welke uwe hoofddrift is! Bij den eenen is het hoogmoed, bij den anderen onzuiverheid, bij een derde onmatigheid en gramschap; gij moet hieraan als aan uw grootsten vijand den oorlog verklaren. Indien de booze geest eene afwending wil maken en u van eene andere zijde aantast, moet gij gaan waar het gevaar het dreigendst is, maar terstond daarna tot uwe eerste onderneming, tot de bestrijding van uwe hoofddrift terugkeeren.

XVIII.

VOORBEREIDING TOT DEN STRIJD TEGEN DE HARTSTOGTEN.

Indien gij, beminde Lezer! nog niet goed gewoon zijt, verongelijkingen, beleedigingen en andere moeijelijkheden des levens. te verdragen, moet gij er u aan gewennen door ze in de toekomst te voorzien, en u van verre bereiden om ze af te wachten. Zoodra gij onderzocht hebt, wat soort van drift u het meest kwelt, moet gij zien met welke menschen gij omgaat, op wat plaatsen en in welke gelegenheden gij u gewoonlijk bevindt, om te weten welke onspoed u kan bejegenen.

Wanneer u eenig onvoorzien toeval overkomt, kunt gij nog het volgende middel aanwenden, om het u dragelijker te maken. Zoodra gij gevoelig wordt over eene onvoorziene beleediging, over eene onverwachte droefheid, let dan op u zelven en laat u niet tot gramschap of verdriet vervoeren: verhef terstond uw hart tot God en denk, dat Hij, die goede Vader, u die beproeving overzendt, om u meer en meer te zuiveren en u naauwer met zich te verbinden, en dat Hij een groot behagen er in schept, als Hij u de grootste tegenheden uit liefde tot Hem met blijmoedigheid ziet verdragen.

Wend u dan tot u zelven en doe u billijke verwijtingen: laffe, die gij zijt, hebt gij dan zoo weinig moed, dat gij geen kruisje kunt dragen, hetwelk u niet van dezen of genen persoon, maar van uwen Vader komt, die in den hemel is. Beschouw daarna uw kruis en ontvang het niet slechts met onderwerping maar zelfs met blijdschap, zeggende: o kruis, dat de goddelijke Voorzienigheid mij voorbereid heeft, eer ik nog op de wereld was; o kruis, dat de liefde tot den naam van Jesus mij aangenamer maakt dan alle genoegens der zinnen, hecht mij voortaan aan u, opdat ik door u vereenigd moge zijn met Hem, die mij heeft vrij-gekocht door aan uwe armen te sterven!

Indien evenwel de drift u dadelijk zoo verwart, dat zij u buiten staat stelt, uwen geest tot God te verheffen en uw wil zelfs er door aangedaan wordt, zorg dan, dat zij niet verder ga, en welke wanorde het ook in uw hart veroorzaakt hebbe, span evenwel al uwe krachten in om die drift te overwinnen, door vurig de hulp des hemels af te smeeken! Maar

het zekerste middel·tegen deze eerste
aanvallen der driften is, bij tijds de oorzaak weg te nemen. Zoo gij b. v. opmerkt, dat gij aan eene of andere zaak
te zeer gehecht zijt, en dit de oorzaak
is van menige drift of gramschap, ver-
breek dan die gehechtheid, en gij zult
altijd eene volmaakte rust genieten!

Doch zoo de stoornis, die gij gevoelt,
niet voortkomt uit eene ongeregelde liefde
tot eenig u aangenaam voorwerp, maar
uit een natuurlijken afkeer van zekeren persoon, in wien alles u hindert en
wiens minste handelingen u mishagen,
is het groote hulpmiddel voor dit kwaad,
dat gij, tegen uw weerzin in, dien persoon tracht te beminnen, niet alleen omdat het een schepsel is, dat evenzeer als
gij door de hand Gods gevormd en door
het dierbaar bloed van Jesus Christus
vrijgekocht is; maar omdat gij, door geduldig zijne gebreken te verdragen, u
gelijk kunt maken aan den hemelschen
Vader, die·voor allen liefderijk en goed
is en zijne zon laat opgaan over goeden
en kwaden.

XIX.

STRIJD TEGEN DE ONZUIVERHEID.

Gij moet deze ondeugd, beminde Christen! op eene zeer bijzondere wijze en met nòg meer kracht dan de overige bestrijden. Om hierin te slagen, dient gij drie verschillende tijden in acht te nemen: ten eerste, vóórdat gij bekoord wordt; ten tweede, gedurende de bekoring; ten derde, als de bekoring voorbij is.

1. Eer de bekoring komt, moet gij alle zorg aanwenden, om ook de minste gelegenheid zooveel doenlijk te voorkomen en u verwijderd houden van de personen, wier omgang gevaarlijk is. Vindt gij u echter ongelukkigerwijze verpligt, met dergelijke menschen te handelen, doe het dan zoo kort mogelijk, en wees zedig en ernstig in al uw spreken en doen!

Vertrouw u niet te veel, omdat gij b. v. gedurende vele jaren geene bekoring of aanvechting van het vleesch hebt gehad; want de onzuivere duivel doet soms in één uur, wat hij in vele jaren niet heeft uitgewerkt. Hij gebruikt wel eens langen tijd om zijne aanvallen voor te bereiden; maar de slagen, die hij dan toebrengt, zijn des te geweldiger, de wonden des te gevaarlijker, daar hij de kunst kent van te veinzen en al vleijende te dooden.

Het is zelfs opmerkelijk, en de dagelijksche ondervinding leert het, dat voor iemand het gevaar nooit grooter is dan wanneer hij zekere verbindtenissen heeft aangegaan, waarin niet het minste kwaad schijnt; omdat zij gegrond zijn op schoonschijnende redenen van bloedverwantschap, of dankbaarheid, of eenige andere verpligting, of op de verdiensten en de deugd van den persoon, dien men bemint. De onzuivere liefde sluipt ongemerkt bij die vriendschappen in door middel van veelvuldige bezoeken, lange gesprekken, te verregaande gemeenzaamheid, totdat eindelijk het vergift het hart bereikt en de rede zoodanig verduisterd wordt, dat men min zedige blikken, teedere woorden, te vrije en schertsende gesprekken, waardoor zware bekoringen ontstaan, voor niets meer rekent.

Ontvlugt dan, mijn kind! overal de gelegenheid tot de zonde, want gij zijt als stroo bij een groot vuur; vertrouw niet op uwe deugd, noch op uw gemaakt voornemen van liever te willen sterven dan God te vergrammen; want hoe goeden wil gij ook hebt, de zinnelijke liefde, welke door dat u zoo zoet en veelvuldig verkeer ontstoken wordt, zal zoodanig ontvlammen, dat niets meer in staat zal zijn haar uit te dooven! Vervolgens zal de hevige begeerte om uwe drift te voldoen, u weêrhouden, om naar den raad uwer vrienden te luisteren; gij zult de vreeze Gods verliezen, eer en leven verachten, zelfs de vlammen der hel zullen het onzuiver vuur niet dooven, waarvan ge blaken zult. Zoek dan uw behoud in de vlugt, anders wordt gij verrast en de eeuwige dood zal de straf van uw vermetel vertrouwen zijn!

2. Wees een vijand van de ledigheid, denk aan hetgeen uw pligt is, en laat niets na om aan de wezenlijke verpligtingen van uwen staat te voldoen!

3. Gehoorzaam vol vreugde en zonder tegenstand aan uwe oversten, volbreng vaardig wat zij u opleggen, en dat de vernederendste en met uwe neiging meest strijdige bevelen juist die zijn, welke gij met den meesten ijver volbrengt!

4. Wacht u wel, uw' naaste ligtvaardig te beoordeelen, vooral op het punt van onzuiverheid! Al is hij ook ongelukkig in eenige ongeregtigheid vervallen, en al is zijn val openlijk bekend, behandel

hem daarom niet met verachting, maak u op hem niet gram, maar heb medelijden met zijne zwakheid, en tracht er voordeel uit te trekken, door u voor God te vernederen en te belijden, dat gij stof en ook zwak zijt; verdubbel uwe gebeden en vermijd met te meer zorg allen gevaarlijken omgang, hoe weinig verdacht die ook moge zijn! Want indien gij te ras uwe broeders ongunstig beoordeelt, zal God, om uwen hoogmoed te straffen en er u tevens van te genezen, soms toelaten, dat gij in dezelfde misslagen valt, die gij in anderen veroordeelt.

Doch al kondet gij ook die schandelijke zonden vermijden, weet nogtans, dat gij, dus voortgaande met anderen ligtvaardig te veroordeelen en te verdenken, voortdurend in groot gevaar verkeert van om te komen!

5. Wanneer gij uw hart vol gevoelt van geestelijke genoegens en vertroostingen, heb er geen heimelijk zelfbehagen over, en denk niet, dat gij het toppunt der volmaaktheid bereikt hebt, of dat de vijand u niet meer kan scha den, wijl gij voor hem slechts verachting, afkeer en afschuw meent over te hebben! Houd u overtuigd, dat gij, zonder eene uiterste omzigtigheid, altijd

moeite zult hebben u voor den val te behoeden!

Zien wij nu, beminde Lezer! wat wij in de bekoring zelve te doen hebben. Gij moet dadelijk nagaan, of de oorzaak waaruit zij voortkomt inwendig of uitwendig is.

Door inwendige oorzaak versta ik de nieuwsgierigheid: het zien of hooren naar min eerbare dingen; de zinnelijkheid in veel eten of drinken; de weelderigheid in kleeding; te natuurlijke vriendschappen en te vrijen omgang. Dit kwaad gaat men te keer door de schaamte, zedigheid en matigheid; en door vooral oogen en ooren gesloten te houden voor hetgeen de verbeelding kan bezoedelen. Doch het beste middel, gelijk wij reeds gezegd hebben, is, waar wij kunnen, te vlugten.

De inwendige oorzaak komt van onze ligchaams-gesteldheid, of door eene menigte slechte gedachten die het gevolg kunnen zijn van kwade gewoonten of van de ingevingen des duivels.

Wanneer het ligchaam gewoon is aan goede sier of weekheid, moet gij het door verstervingen en onthouding bedwingen en gestreng behandelen, zonder echter de grenzen der voorzigtigheid en gehoorzaamheid te overschrijden.

Wat de onzuivere gedachten betreft, gij kunt, waar ze ook uit voortkomen, u daarvan bevrijden; ten eerste: door u ernstig toe te leggen op de werkzaamheden van uwen staat; ten tweede door het gebed en de overweging.

Het gebed zult gij op deze wijze verrigten: zoodra u slechte gedachten voor den geest komen, en gij er den indruk van begint te gevoelen, keer dan in u zelven, wend u tot den gekruisten Jesus en zeg Hem: o mijn lieve Jesus! haast U mij te helpen, dat ik niet in de handen mijner vijanden valle! Somwijlen, als gij in de gelegenheid zijt, zult gij het kruis en de heilige wonden kussen en met vertrouwen en liefde zeggen: o aanbiddelijke wonden, o oneindig heilige wonden! drukt u af in mijn hart, in dat hart, dat zoo vol is van onreine bekoringen, en behoedt het voor de zonde!

Wat de overweging betreft, raad ik u niet om, als de bekoring u op het hevigst kwelt, te denken — zoo als sommige boeken voorschrijven — aan hetgeen u van de onzuiverheid moet afschrikken: dat b. v. deze ondeugd zeer schandelijk, dat zij onverzadelijk is, dat zij onbegrijpelijk veel walging, verdriet en droefheid na zich sleept, somtijds zelfs

het verlies van goederen, gezondheid,
leven, eer, enz. De reden is, dat deze
overwegingen niet geschikt zijn om ons
uit het gevaar te redden, maar dikwijls
nog nadeelig werken, want zoo het verstand van de eene zijde de kwade gedachten verdrijft, roept het die van den
anderen kant terug en stelt altijd den
wil in gevaar van er in toe te stemmen.

De zekerste weg, beminde Lezer! om
ons van die bekoringen te ontdoen is,
uit onze gedachten niet slechts de onzuivere voorwerpen, maar ook die er
tegenover staan te verwijderen; want de
eerste door de laatste willende verdrijven, denken wij er ondanks ons zelven
aan, en de onzuivere beelden blijven ons
bij. Denk slechts op het leven en lijden
van onzen Heer, en als gedurende deze
heilige oefening dezelfde gedachten bij
u terugkomen, als zij u nog meer moeite
veroorzaken dan te voren, verlies daarom
den moed niet en breek uwe overweging
niet af; span u ook niet te zeer in om
die bekoringen te verdrijven, versmaad
ze veeleer, als van den duivel komende
en niet van u zelven, ga slechts voort
met zoo aandachtig mogelijk op den dood
van uwen Zaligmaker te denken, wijl
niets vermogender is om den onzuiveren

geest te verdrijven, al had hij ook besloten, u eeuwig den oorlog aan te doen.

Eindig uwe overweging met dit of soortgelijk gebed: *o mijn Schepper en Verlosser! door uwe oneindige goedheid en de verdiensten van uw heilig lijden, verlos mij toch van mijne vijanden!* Doch wanneer gij zoo bidt, wil dan niet aan de ondeugd denken, waaraan gij ontkomen wilt, want de minste gedachte daaraan is gevaarlijk. Mijn kind! onderzoek niet, of gij in de bekoring hebt toegestemd. Want zulk een onderzoek is eene uitvinding van den vijand, die, onder voorwendsel van een schijnbaar goed, van eene niet bestaande verpligting, u verontrusten wil, of hoopt, dat gij in die onzuivere beelden nog eenig vermaak zult nemen.

Als er dus geene duidelijke toestemming is, hebt gij slechts in weinige woorden aan uwen geestelijken Vader te verklaren, wat gij er van weet, berust in zijn woord en denk er niet meer aan! Maar ontdek hem getrouw den grond van uw hart, zonder hem ooit iets te verbergen, hetzij uit schaamte of om wat reden ook! Want is de nederigheid u noodzakelijk, om in het algemeen al uwe vijanden te overwinnen, hoeveel te meer zult gij die deugd behoeven, om u van eene ondeugd te bevrijden, welke bijna altoos eene straf van den hoogmoed is!

Na de bekoring eindelijk, hebt gij het volgende te doen:

Al geniet gij een grooten vrede en al acht gij u in veiligheid, vlugt evenwel, zooveel gij kunt, de voorwerpen, welke de bekoring deden ontstaan, en duld niet, dat zij u in den geest dringen, onder wat voorwendsel dan ook, of van deugd, of van een vermeend goed, dat gij er u uit voorstelt! Want al die voorwerpen zijn listen der bedorven natuur en strikken des duivels, die den schijn · aanneemt van een engel des lichts, om u mede te slepen in de uiterste duisternis. Vergeet niet, God te danken voor de u verleende genade, zonder welke wij immer zouden vallen en niet meer kunnen opstaan!

XX.

STRIJD TEGEN DE TRAAGHEID.

Het is van het hoogste belang, de traagheid den oorlog aan te doen, daar deze ondeugd ons niet slechts van den weg der volmaaktheid afbrengt, maar ons overlevert in de handen der vijanden onzer zaligheid. Wilt gij deze ondeugd met kracht bestrijden, begin dan met alle nieuwsgierigheid en ijdel vermaak te vlugten, onthecht u aan onnutte aardsche dingen en zie van de bezigheden af, die bij uwen staat niet voegen! Tracht vervolgens vlijtig aan de inspraken des hemels te beantwoorden, de bevelen uwer ouders en oversten en de pligten van uwen staat naarstig te volbrengen, en op dien tijd en op die wijze als het behoort! Toef geen enkel oogenblik met te doen, wat men u gebiedt, denk dat de eerste vertraging eene tweede na zich sleept, en die eene derde, en dat men altijd uitstelt, wijl de vrees voor de moeite meer en meer toeneemt, en het verlangen naar rust grooter wordt, naarmate men er de zoetheid van smaakt! Vandaar dat men zich zoo laat mogelijk aan den arbeid begeeft, of wel uit weerzin zich daaraan onttrekt.

Men vormt zich eene gewoonte van traagheid, die moeijelijk overwonnen wordt, zoo niet de schaamte van in eene zoo groote nalatigheid te hebben geleefd, eindelijk het besluit doet nemen om in het vervolg werkzamer en vlijtiger te zijn.

Maar het is niet genoeg zijne pligten spoedig en zonder uitstel te vervullen,

men moet alle moeite aanwenden om dit
zoo volmaakt mogelijk te doen. Want
het is geen teeken van ware vlijt, maar
van eene fijne en gevaarlijke traagheid,
het werk waarmede men belast is met
overhaasting ten einde te brengen, zonder zich er om te bekommeren of het
goed of kwalijk gedaan wordt. Deze ongeregeldheid heeft dikwijls plaats bij werken van godsvrucht en ontstaat daaruit,
dat men de waarde niet genoeg inziet
van een goed werk, dat op zijn tijd geschiedt en waarbij men alle moeijelijkheid overwint, die de traagheid den
eerstbeginnende in den weg legt.

Bedenk, dat eene enkele verzuchting,
een schietgebedje, eene kniebuiging, het
geringste bewijs van eerbied voor de goddelijke majesteit meer te achten is dan
alle schatten der aarde, en elke opoffe-
ring, elke versterving en zelfverwinning,
om God gedaan, bij Hem haar loon niet
zal missen! Denk daarbij, dat God van
lieverlede zijne genade aan de laauwen
onttrekt, maar in ruime mate haar geeft
aan wie er voordeel mede doen, opdat
deze *getrouwe dienaren eens in de vreugde
huns Heeren mogen binnengaan* [1])!

1) Matth. XXV, 23.

Maar voelt gij in den beginne geen kracht genoeg, om al die moeijelijkheden en bezwaren, die zich op den weg der volmaaktheid voordoen, te verdragen, dan moet gij die behendig voor u zelven verbergen, zoodat gij ze veel minder vindt, dan de tragen het zich voorstellen. Om eene deugd te verkrijgen, zult gij er dikwerf herhaalde akten van moeten doen, en u gedurende verscheidene dagen moeten oefenen om die bij elke gelegenheid te verwekken; een aantal vijanden zullen u bekampen en uwe goede plannen komen dwarsboomen; maar begin al vast die akten en oefeningen te doen alsof ze niet behoefden herhaald te worden; arbeid alsof uw arbeid niet lang moest duren; tast uwe vijanden den eenen na den anderen aan, alsof gij er slechts één te bestrijden hadt, en houd u verzekerd, dat gij met Gods hulp sterker zult zijn dan zij allen te zamen; hierdoor zult gij u van de ondeugd der traagheid bevrijden en de tegenovergestelde deugd bekomen!

Doe ook aldus met het bidden! Wanneer b. v. uw gebed een uur moet duren en die tijd u wat lang voorkomt, denk dat gij slechts een half kwartier te bidden hebt, en van dat halve kwartier weêr tot een ander half kwartier zoo overgaande, zal het u niet lastig zijn, het geheele uur te volbrengen. Ondervindt gij bij het tweede of derde half kwartier een al te grooten tegenzin in het gebed, onderbreek dan even die heilige oefening, en dat verwijl zal u niet schaden, zoo gij slechts spoedig daarna op nieuw begint!

Handel evenzoo met uitwendige werken en ligchamelijken arbeid! Hebt gij naar uwe gedachte te veel of te lastige dingen te doen, en zoudt gij u hierom aan traagheid en verdriet overgeven, begin dan het eerste werk zonder aan de volgende te denken, volbreng het zoo goed gij kunt, en doet gij dit eerste wel, dan zult gij met minder moeite dan gij denkt in al het overige slagen! Voorkom aldus de zich opdoende zwarigheden en ontvlugt den arbeid niet! Vrees alleen dat de traagheid zoo toeneme, dat gij niet eens een begin maakt, en gij voor de moeijelijkheden terugschrikt eer ze nog komen!

Dit overkomt laffe en bloode zielen. Want deze zijn altoos voor den vijand beducht, hoe zwak en verwijderd hij ook zij. Dezulken verbeelden zich dat men hun ieder oogenblik zware lasten gaat opleggen, en deze ijdele vrees veroorzaakt hun onrust te midden zelve van hunne rust. Weet dan, dat er in deze ondeugd een vergift schuilt, dat niet slechts de eerste zaden der deugd verstikt, maar ook de reeds gevormde deugden vernietigt! Weet, dat, wat de worm in het hout, de traagheid in het geestelijke leven is, en dat de duivel hierdoor gewoonlijk de meeste menschen in zijne strikken doet vallen, en hen vooral die naar de volmaaktheid streven!

Beminde Christen! waak dan op u zelven, leg u toe op het gebed en de goede werken, wacht niet met u een bruiloftskleed te maken als gij er reeds mede gekleed moet zijn, om den bruidegom te gemoet te gaan! Herinner u elken dag, dat Hij, die u tot aan den morgen heeft willen bewaren, niet belooft u tot aan den avond te laten leven, en zoo zijne goedheid u ook tot aan den avond behouden heeft, verzekert Hij u niet, dat gij den volgenden dag zult opstaan! Gebruik dan elk uur zoo heilig alsof het uw laatste ware; wil slechts aan God behagen, vrees voor de strenge rekenschap, welke gij Hem eens van alle oogenblikken uws levens hebt af te leggen!

Ik heb u nog één woord te zeggen. Al hebt gij ook veel gewerkt en veel goed gedaan, geloof evenwel dat de dag voor u verloren en uwe moeite vruchteloos is, zoo gij niet eenige overwinning op uwe driften en uw eigen wil hebt kunnen behalen; zoo gij God voor zijne weldaden niet bedankt hebt, vooral voor de weldaad: dat Hij voor u heeft willen lijden en sterven; zoo gij de kastijdingen, welke die oneindig goede Vader u tot uitwissching uwer misdaden heeft overgezonden, niet als gunsten en genaden hebt aangenomen!

XXI

OVER HET GOED GEBRUIK DER ZINTUIGEN.

Men kan zonder eene groote zorgvuldigheid en aanhoudende oefening de zinnen niet goed besturen, omdat de zinnelijke begeerte van de bedorven natuur hevig geneigd is tot vermaak en genot. Daar zij zich door zich zelve niet voldoen kan, gebruikt zij de zinnen, om deze voorwerpen tot zich te trekken, waarvan zij de beelden in den geest doet overgaan. Vandaar komt het zinnelijk vermaak, dat, door de gemeenschap die er is tusschen den geest en het vleesch, zich door alle daarvoor vatbare zinnen verspreidt, vervolgens als een besmettend kwaad de geestelijke krachten aangrijpt, en eindelijk den ganschen mensch verderft.

Tegen dit groote kwaad kan men het volgende behoedmiddel aanwenden. Geef niet te veel vrijheid aan uwe zinnen, gebruik ze alleen tot een goed einde, voor iets nuttigs of noodzakelijks en niet voor wereldschen lust! Dwalen zij echter af, zonder dat gij het bemerkt, en gaan zij de grenzen te buiten, welke de rede hun voorschrijft, zorg dat gij ze op het spoedigst terugbrengt, en regel ze zoodanig dat zij, in plaats van zich om een valsch vermaak aan ijdele voorwerpen te. hechten, zich gewennen uit diezelfde voorwerpen groote hulpmiddelen ter zaligheid te trekken; en dat de ziel, in zich zelve keerend, van de kennis der geschapene dingen tot de beschouwing van Gods grootheid opklimme! Dit kan op de volgende wijze geschieden.

Wanneer een aangenaam voorwerp een uwer zinnen treft, blijf dan niet bij het stoffelijke stilstaan, maar verhef uwe gedachte tot Hem, die het met eene onzigtbare hand heeft geschapen, en denk dat al wat gij daarin als schoon en goed bewondert, van Hem komt! Verheug u dan te zien, - dat dit opperste en onafhankelijke Wezen de oorsprong is van al het voortreffelijke dat u in de schepselen behaagt, en verblijd u in Hem, die alle schoonheden in den hoogsten graad bezit en bij wien niets kan vergeleken worden!

Aanschouwen uwe oogen iets schoons in de natuur, denk dan aan haren Schepper en stel in Hem alleen uwe vreugde en zeg: o mijn God! o mijn eenig geluk, hoe verheug ik mij bij de gedachte, dat alle volmaaktheden in de schepselen slechts eene afbeelding zijn van de uwen en dat Gij er de bron van zijt!

Ziet gij schoone bloemen, planten of boomen, denk dat een almagtige God, dien gij niet ziet, dat alles doet leven, en verzucht: o God! Gij, blijdschap mijner ziel, o hoogste leven! het is uit U, in U en door U dat alles leeft en groeit op aarde. Of ziet gij allerlei dieren en vogelen, verhef dan insgelijks uwen geest en uw hart tot Hem, die hun beweging schenkt en gevoel, en spreek: o God! wat zijt Gij groot, die, zelf onbeweeglijk, alles op de wereld bewegen doet en leven! Bedenk bij alle schoonheid die zich aan uw oog vertoont, dat het alles van een onzigtbaar beginsel, van de ongeschapene Schoonheid uitgaat en zeg in u zelven: dit zijn kleine beekjes van die onuitputtelijke bron, van dien onmetelijken oceaan, waaruit alle goeds voortvloeit. O! wat is mijne ziel vol vreugde bij de gedachte aan die eeuwige schoonheid, welke de oorsprong van alle geschapen schoonheid is!

Wanneer gij iemand ontmoet die deugdzamer, begaafder, geleerder is dan gij, wees dan niet afgunstig, maar dank God voor het goede, aan uwen naaste bewezen, en zeg: heb mededoogen, o God! met mijne armoede, ik heb gebrek aan zoo vele deugden die ik noodig heb om U te beminnen!

Bij het verrigten van eenig goed werk, denk dan, dat God er de eerste oorzaak van is, hef uwe oogen op tot Hem en zeg: o Gij Opperheer der wereld! met blijdschap erken ik, dat ik zonder U niets vermag.

Bij het gebruik van spijs en drank, zult gij tevreden zijn met hetgeen u wordt voorgesteld; hecht u niet te veel aan het zinnelijke, maar wees dankbaar voor de weldaden, door God u bewezen.

Wordt gij een zoeten geur gewaar, wil u ook aan dat genoegen niet hechten, maar verhef liever uwen geest naar den hemel en bid God, uit wien alle zoetheid is, dat Hij uwe ziel van alle zinnelijk genoegen onthechte en al uw bidden en verzuchten, als de geur van een aangenaam reukwerk, tot Hem moge opstijgen!

Eindelijk wanneer gij een welluidend maatgezang hoort, denk aan God en zeg: o mijn God! mijn hart is vol vreugde bij de gedachte aan uwe goddelijke vol-maaktheden, die alle te zamen zulk eene, verrukkelijke harmonij uitmaken, in u zelven, in de Engelen, in den hemel en in al de schepselen.

XXII.

HET AARDSCHE KAN ONS HET LIJDEN VAN JESUS CHRISTUS DOEN GEDENKEN.

Ik heb u getoond, beminde Christen! hoe men zich van de beschouwing der aardsche dingen tot de overdenking van Gods grootheden kan verheffen, leer nu door middel van diezelfde voorwerpen u de heilige geheimen van het leven en lijden onzes Heeren Jesus Christus voor den geest te brengen! Al wat in de wereld bestaat kan er u de gedachtenis van vernieuwen.

Bedenk dan slechts, zooals wij reeds

zeiden, dat God de oorsprong van alle dingen is; dat Hij aan alle schepselen, ook aan de edelste, het bestaan, de schoonheid en alle volmaaktheden die zij hebben, geschonken heeft! Bewonder vervolgens de oneindige goedheid van den Opperheer der wereld, die zich zoo heeft willen vernederen, dat Hij voor u mensch geworden en voor uwe zaligheid een schandelijken dood gestorven is, toelatende, dat zijne eigene schepsels tegen Hem zamenspanden, om Hem aan het kruis te nagelen! Doch wilt gij wat Hij voor u gedaan en geleden heeft meer in 't bijzonder beschouwen, dan zult gij, werwaarts gij u ook wendt, er de afbeeldsels en herinneringen van vinden.

Ziet gij b. v. wapenen, zwaarden, koorden, doornen, rieten, nagels, o hoe kunt gij dan in stilte de werktuigen van Jesus' lijden en dood u voor den geest brengen! Het bezoek van een armoedig huisgezin zal u aan den stal en de kribbe doen denken, waarin de Heer geboren werd, en de behoefte en koude herinneren die Hij in zijne kindschheid geleden heeft. Zoo kunt gij, bij plotseling opkomende donkerheid, denken aan hetgeen bij Jesus' dood plaats had, toen de aarde beefde en de zon verduisterde.

Bij het gebruik van onaangename geneesmiddelen herinnert gij u ligtelijk den edik en gal, waarmede uw beminnelijke Zaligmaker door zijne vijanden gedrenkt werd.

Bij het kleeden en ontkleeden des morgens en des avonds haalt gij u in de gedachte, hoe onze goddelijke Meester door beulshanden van zijne kleederén beroofd werd, en bereid was om uit liefde tot u gegeeseld en gekruist te worden. Wanneer gij eenig verward gewoel hoort, verbeeld u dan de verschrikkelijke kreten van een tegen zijnen Heer oproerig volk te vernemen: *Weg, weg met Hem! kruisig, kruisig Hem!*

Eindelijk als gij zelf te lijden hebt of een ander ziet lijden, houd het voor zeker, dat het niets is, vergeleken bij hetgeen uw Zaligmaker geheel zijn leven door naar ziel of ligchaam voor u heeft uitgestaan.

XXIII.

EENIGE ANDERE MIDDELEN OM BIJ VOOR-
KOMENDE GELEGENHEID EEN GOED
GEBRUIK VAN DE UITWENDIGE
ZINNEN TE MAKEN.

Na u te hebben getoond, hoe men zich van het zinnelijke tot het hemelsche en tot de geheimen van 's Heeren leven en lijden kan opheffen, zal ik u nog eenige andere middelen aangeven om in aardsche voorwerpen stof ter overweging te vinden.

Daar de smaak verschillend is, moge een ieder hier iets vinden om zijne godsvrucht te voeden; en dit is niet enkel voor eenvoudige menschen nuttig, maar ook voor die meer gevorderd zijn; niet allén toch gaan langs denzelfden weg tot de volmaaktheid, en niet allen zijn voor dezelfde hooge beschouwingen geschikt. Vrees niet, dat die groote verscheidenheid van oefeningen u onrust of verwarring aanbrenge: tracht slechts er een voorzigtig gebruik van te maken; raadpleeg een wijzen zielbestuurder, geef u met veel nederigheid en betrouwen aan hem over, niet alleen voor hetgeen ik nu ga zeg-

gen, maar ook voor hetgeen later zal
volgen!

Wanneer gij dan dingen ziet, die u
behagen en bij de wereld in aanzien zijn,
doordring u van de waarheid: dat al dit
aardsche niet anders is dan slijk, en
hoegenaamd niets is, vergeleken met de
hemelsche goederen, waarnaar gij streven moet door al het overige met voc-
ten te treden!

Wanneer gij de zon aanschouwt, denk,
dat uwe ziel, met de genade versierd,
schooner en lichter is dan alle gestern-
ten te zamen, en dat zij zonder de genade veel zwarter en afschuwelijker is
dan de duisternisl Als gij den hemel beschouwt die boven u is, klim dan met
uwen geest tot de woningen der zaligen,
op, en verblijf daar als de plaats waar
gij eeuwig zult heerschen, zoo gij onschuldig en heilig leeft op aarde!

Hoort gij de vogelen zingen, denk aan
het paradijs, waar men niet ophoudt Gods
lof te zingen, en bid tevens, dat de Heer
u waardig make, Hem eeuwig in het gezelschap der hemelsche geesten te prijzen!

Als de schoonheid van eenig persoon
u aantrekt, stel u de helsche slang voor,
die onder dat schitterend uiterlijk u
tracht te verleiden en het leven der ge-

nade te benemen! Zeg met ecne heilige verontwaardiging: weg van mij, vervloekte slang! vergeefs verbergt gij u om mij te schaden. Zeg dan, u tot God wendende: wees gezegend, dat Gij mij mijnen vij- and hebt willen ontdekken en mij voor zijne hinderlagen behoeden. Hierna zult gij u verbergen in de wonden van uwen Zaligmaker, als in eene veilige schuil- plaats; houd daar uwen geest bezig met de onbegrijpelijke smarten die Hij in zijn heilig ligchaam geleden heeft, om u voór de zonden te bewaren en van de zinne- lijke vermaken af te schrikken!

De snelle vlugt eens vogels zegt u: zóó vliegen. mijne dagen voorbij. Ecne rukvlaag, die alles omver werpt, een don- derslag, die alles doet beven, brengen u den verschrikkelijken oordeelsdag voor den geest, en doen u als neêrknielen voor uwen Regter, en Hem nederig bidden, dat Hij u vroegtijdig tot dien dag helpe bereiden, om dan gerust voor Hem te kunnen verschijnen.

Wilt gij, beminde Lézer! uw voordeel doen met eene menigte andere voorvallen in het leven, lees dan het volgende: moet gij b. v. koude of hitte of eenig ander ongemak verduren, of wordt gij door smart en droefenis neêrgedrukt, beschouw de onveranderlijke orde der goddelijke Voorzienigheid, die voor uw welzijn gewild heeft, dat gij heden deze, morgen eene andere moeijelijkheid zoudt verdragen, maar altoos overeenkomstig uwe krachten! Door dit middel zult gij met blijdschap Gods teedere en vaderlijke liefde jegens u erkennen, en gij hebt er een tastbaar blijk van in de gelegenheid, die Hij u geeft, om Hem te dienen op die wijze als Hem het aangenaamste is.

U dan in staat ziende, Hem meer dan ooit te behagen, zult gij zeggen: nu wordt in mij de wil van Hem vervuld, die in zijne barmhartigheid reeds voor alle eeuwen bepaald heeft, dat ik heden die versterving zou lijden: God zij eeuwig gezegend!

Zoo ook bij 't invallen eener goede gedachte, geloof dan vast dat die van God komt, en dank dien Vader der lichten met alle nederigheid voor die gunst!

Wanneer gij een godvruchtig boek leest, verbeeld u, dat de Heillige Geest tot u spreekt, en dat het om u geschreven is!

Wanneer gij het kruis aanschouwt, beschouw het als de banier van Jesus Christus, uw goddelijk Hoofd, en weet, dat, zoo gij er u slechts een weinig van verwijdert, gij uwe wreedste vijanden in handen valt, terwijl gij, Hem volgende,

u waardig zult maken, eens met den palm
in de hand zegepralend den Hemel in te
gaan!

Wanneer gij een beeld der heilige
Maagd ziet, draag u zelven aan die Moeder
van barmhartigheid op,-en toon haar
uwe blijdschap, dat zij altoos met de
hoogste vlijt en getrouwheid den wil van
God heeft volbragt, en zij de Moeder is
van uwen Zaligmaker. Bedank haar eindelijk voor de hulp die zij aan hen verleent,
die haar in den strijd tegen den duivel
aanroepen!

De beelden der Heiligen herinneren u
aan die edelmoedige krijgsknechten van
Jesus Christus, die, door tot den dood
toe manmoedig te strijden, u den weg
hebben gewezen om tot de glorie te komen.

Als gij de bedeklok hoort, kunt gij
even uwe gedachten over de woorden die
gij vóór ieder *Wees gegroet* zegt, laten
gaan. Bij het eerste geklep bedankt gij
God voor het verhevene gezantschap aan
Maria, waarmede het werk onzer verlossing begon. Bij de tweede maal zult gij
u met Maria over de hooge waardigheid
verblijden, waartoe God haar tot loon
harer allerdiepste nederigheid heeft verheven. Bij het derde kleppen aanbidt gij
het vleeschgeworden Woord, en bewijst

tevens eene korte hulde aan de heilige Moeder des Heeren en den aartsengel Gabriël.

Bij deze oefeningen ter eere van Maria kunt gij met veel vrucht nog andere voegen, die haar u als Koningin der martelaren voorstellen. Deze overdenking van haar lijden vereenigt gij het geschiktste met de overweging der smarten van haren goddelijken Zoon.

Des avonds kunt gij voor u halen wat Maria leed, toen zij hoorde dat Jesus in Gethsemané gevangen genomen en gebonden werd, en wat zij dien ganschen nacht door in hare ziel heeft uitgestaan. Des morgens neemt gij deel in hare droefheid, dat zij haren geliefden Zoon zoo schandelijk naar Pilatus en Herodus zag leiden, Hem ter dood veroordeelen en gedwongen zag zijn eigen kruis naar de strafplaats te dragen. Des middags verbeeldt gij u het pijnlijk zwaard dat het hart dezer bedroefde Moeder doorboorde, toen zij aan den voet stond van het kruis, waaraan haar Zoon was vastgenageld, toen zij Hem daaraan sterven en na zijnen dood nog zijne zijde met eene lans zag doorsteken.

Deze godvruchtige overwegingen kunt gij van donderdag avond tot den volgende zaturdag na den middag doen; volg evenwel uwe bijzondere godsvrucht naar gelang gij u door de uitwendige voorwerpen opgewekt zult voelen!

Met u, beminde Lezer! zoo veel verschillende oefeningen tot regeling uwer zinnen voor te houden, is mijne bedoeling niet, ze u als hoofdbezigheid op te dringen. Neen, gij moet altijd zooveel mogelijk in u zelven gekeerd zijn en u aan God hechten; gij moet voortdurend uwe kwade genegenheden bestrijden, en vele oefeningen der daartegenover staande deugden verwekken. Ik wil slechts, dat gij u naar gelang der omstandigheid daarvan bedient. Want zich alleen bij vele uitwendige oefeningen te bepalen, is juist het middel niet om veel in de deugd te vorderen; al zijn zij ook op zich zelven goed, kunnen zij, verkeerd aangewend, slechts den geest verwarren, de eigenliefde voeden, de onstandvastigheid onderhouden en zelfs aanleiding tot menige bekoring zijn.

XXIV.

HET GEBRUIK DER TONG.

's Menschen tong moet noodzakelijk beteugeld worden, omdat de natuur genegen is van die dingen te spreken welke de zinnen streelen. Het te veel spreken komt gewoonlijk uit zekeren hoogmoed voort, waardoor wij ons voor verstandiger houden dan wij zijn, en vol bewondering voor onze eigen gedachten deze met welgevallen uitveilen, den boventoon voeren in alle gesprekken en verlangen dat een ieder naar ons luistere.

Het is niet mogelijk, in weinige woorden al het kwaad, dat uit deze verfoeijelijke ondeugd ontstaat, te doen kennen. Dit kan men echter er in het algemeen van zeggen, dat zij de oorzaak is van de ledigheid; dat zij veel onwetendheid en dwaasheid verraadt; dat zij het kwaadspreken en de leugen met zich voert; dat zij den ijver der godsvrucht verflaauwt; de ongeregelde driften versterkt; en de tong gewoon maakt niets dan ijdele en onnutte woorden te spreken.

Ter verbetering van dat gebrek raad ik u dit aan: spreek niet te veel, en spreek niet in 't bijzijn van diegenen die u ongaarne hooren, uit vrees van hen te vervelen; noch in de tegenwoordigheid van hen die met genoegen naar u luisteren, uit vrees dat u in het gesprek een of ander ongepast woord ontvalle! Spreek ook niet te luid, of op een toon van gezag, want dit mishaagt aan die het hooren en toont veel verwaandheid en aanmatiging!

Spreek nooit van u zelven, noch van uwe bloedverwanten, noch van hetgeen gij gedaan hebt, als de noodzakelijkheid er u niet toe verpligt, en is dit naar gij meent het geval, doe het dan met weinige woorden en eene groote ingetogenheid! Treft gij iemand aan die veel van zich zelven spreekt, veracht hem daarom niet, maar wacht u wel hem na te volgen, ook indien al wat hij zeide slechts strekte om zijne fouten te ontdekken, en hem daarover te beschamen! Spreek zoo weinig mogelijk van uwen naaste en van hetgeen hem betreft, of de gelegenheid moest zich opdoen, iets goeds van hem te zeggen! Spreek gaarne van God, vooral van zijne liefde tot de menschen; maar uit vrees van niet naar behooren van die liefde te zullen spreken, hoor dan nog liever wat anderen er van zeggen en tracht dit niet te vergeten!

Wat de wereldsche gesprekken aangaat, kunt gij ze soms niet vermijden, laat ze niet in uw hart doordringen, hetwelk geheel aan God moet toebehooren! Maar moet gij naar iemand die spreekt luisteren, om hem te kunnen antwoorden, en wijl pligt of welvoegelijkheid dit vordert, let dan wel op. alles wat gij zeggen zult, eer het uit uw hart naar de tong overgaat, want er zal altijd nog veel te zwijgen zijn; en ook dan wanneer gij bepaald hebt weinig te spreken, zult gij nog ontdekken, dat gij te veel gezegd hebt.

Het zwijgen is een groot hulpmiddel in den geestelijken strijd, en die het bewaren, kunnen zich de overwinning beloven. Gewoonlijk hebben zij ook het wantrouwen op zich zelven, het betrouwen op God, liefde tot het gebed en groot gemak tot alle oefening van deugd.

Om het stilzwijgen te leeren beminnen, moet gij het groote voordeel beschouwen, dat uit die deugd voortkomt, en daarbij het groote kwaad, dat uit het overmatig spreken geboren wordt. Ik zeg meer, zoo gij u wilt gewennen, weinig te spreken, zwijg dan voor zooveel gij kunt, mits uw stilzwijgen u of een ander niet schadelijk worde! Vlugt vooral het wereldsch verkeer en geef aan het gezelschap der Engelen, der Heiligen, van uwen God de voorkeur boven dat der menschen! Denk eindelijk aan den strijd dien gij ondernomen hebt, en gij zult geen tijd hebben! om u met onnutte gesprekken en ijdele gezelschappen te verlustigen!

XXV.

DE KRIJGSKNECHT VAN JESUS CHRISTUS MOET ALLES VERMIJDEN WAT DEN VREDE DES HARTEN KAN STOREN.

Wanneer gij den vrede des harten hebt verloren, stel dan alles in het werk om dien vrede weder te krijgen!

Doch wat er ook gebeure, niets ter wereld is in staat, u dien te ontrukken of ondanks u zelven te storen.

Gij moet wel droefheid gevoelen en berouw hebben over uwe zonden, maar die droefheid moet bedaard en kalm zijn, zooals ik reeds dikwijls gezegd heb. Gij moet ook medelijden hebben met andere zondaars, en inwendig ten minste over hun ongeluk weenen; uw medelijden moet teeder, doch zonder verdriet en verwar- ring en het gevolg zijn van eene geheel zuivere naastenliefde.

Wat de tallooze rampen, waaraan wij in deze wereld onderworpen zijn, betreft, als ziekten, lijden, dood, het verlies van vrienden en nabestaanden, oorlog, brand en vele andere treurige ongevallen, welke de menschen als met de natuur strijdig vreezen; wij kunnen die met de hulp der genade niet slechts van de hand Gods aannemen, maar er zelfs reden tot blijdschap in vinden, indien wij ze willen beschouwen als heilzame straffen voor de' zondaars of als gelegenheden van verdiensten voor de regtvaardigen. ‹

Om deze redenen vindt God er zelfs genoegen in, ons te bedroeven; en het is zeker, dat, als onze wil onderworpen is aan den zijnen, onze geest kalm zal blijven ook te midden der treurigste omstandigheden. Weet daarenboven, dat alle ongerustheid Hem mishaagt, dewijl zij nooit, van welken aard zij ook zij, zonder eenig gebrek is, en altijd uit een verkeerd beginsel, uit de eigenliefde, voortkomt! Tracht dan reeds van verre wat u kan verontrusten, te voorkomen, en bereid u tijdig, om het geduldig te verdragen! Bedenk, dat de rampen van dezen tijd, hoe verschrikkelijk zij schijnen, geen eigenlijke rampen zijn; dat zij ons van de waarachtige goederen niet kunnen berooven; dat God ze ons overzendt, of toelaat om bovengenoemde redenen, of wel om andere die ons verborgen, doch niet anders dan zeer regtvaardig kunnen zijn!

Blijft gij op deze wijze bij de verschillende lotgevallen dezes levens altijd tevreden en kalm, dan zult gij grooten voortgang maken. Zonder deze kalmte zullen uwe godvruchtige oefeningen slecht gelukken, en gij zult er geen vrucht van trekken. Daarenboven, zoo lang uw geest in onrust is, blijft gij aan de aanvallen des vijands blootgesteld, zonder te kunnen weten, wat het veilige en regte pad der deugd is. De duivel spant al zijne krachten in, om den vrede uit het hart te verbannen; hij weet, dat God in den vrede woont, en in den vrede groote dingen uitwerkt. Daarom wendt hij alle listen aan, om ons dien te ontrukken, en hij vermomt zich, om ons te overvallen; hij geeft ons plannen in, die goed schijnen, maar inderdaad slecht en onder vele teekenen vooral daaraan te erkennen zijn, dat zij den inwendigen vrede verstoren.

Het hulpmiddel tegen dit zoo gevaarlijke kwaad is, dat wij niet dadelijk als de vijand eenig nieuw verlangen in ons tracht op te wekken, ons hart hem openen, maar veeleer alle genegenheden, welke uit eigenliefde kunnen voortkomen, verzaken. Offer dit nieuwe verlangen aan God op, en bid Hem vurig, u te doen kennen, of het van Hem of van den bekoorder komt, en vergeet niet uwen geestelijken leidsman te raadplegen Wanneer gij zelfs verzekerd zijt dat uw verlangen van God is ingegeven, moet gij het evenwel niet terstond ten uitvoer brengen. Want een goed werk, door zulk eene versterving voorafgegaan, is aangenamer aan God, dan zoo het met eene natuurlijke gehaastheid en drift verrigt werd; en menigwerf behaagt het goede werk Hem veel minder dan die enkele voorafgegane versterving. Zoo gij dus de kwade begeerten verwerpt, en de goede slechts na onderdrukking van alle natuurlijke bewegingen ten uitvoer brengt, zult gij_uw hart in volmaakte ·rust en vrede houden.

Hiertoe is nog noodig, zekere inwendige wroegingen te verachten, welke van God schijnen te komen, wijl die verwijten wezenlijke gebreken ten grond hebben, maar welke inderdaad van den boozen geest zijn, gelijk men uit de gevolgen kan besluiten. Zoo die ongerustheid of gewetensangst dient om u ootmoediger te maken; indien gij er ijveriger door wordt in 't beoefenen van goede werken; indien het vertrouwen, dat wij in de goddelijke barmhartigheid moeten hebben, niet vermindert; — dan moet gij die ongerustheid, die wroegingen met een dankbaar hart en als gunsten des hemels aannemen. Maar zoo zij u verwarren en den moed doen verliezen; zoo gij er traag, vreesachtig en langzaam in het vervullen uwer pligten door wordt; — houd dan die knagingen voor bekoringen van den vijand, blijf uwe gewone werken verrigten en wil aan de ingevingen van Satan geen gehoor geven!

Daar nu die ongerustheid dikwijls door de rampen en tegenspoeden dezes levens ontstaat, moeten wij ons op tweederlei wijze er tegen verdedigen. Ten eerste moet gij onderzoeken wat die rampen eigenlijk in ons onderdrukken: de liefde tot de volmaaktheid of wel de eigenliefde. Bestrijden zij slechts de eigenliefde, welke onze grootste vijand is, dan moet gij u daarover niet beklagen, maar veeleer met vreugd en erkentelijkheid die beproevingen aannemen als weldaden die God u bewijst, en als hulpmiddelen die zijne goedheid u toezendt. Maar zoo zij u van de volmaaktheid verwijderen en u de deugd hatelijk willen maken, moogt gij daarom den moed of den vrede des harten niet verliezen, zooals wij straks zullen zien.

Ten tweede moet gij uw hart tot God verheffen en alles zonder onderscheid van zijne hand aannemen, wel overtuigd dat zelfs de kruisen, die Hij u aanbiedt, niet anders dan bronnen kunnen zijn van oneindig veel goed, dat gij verzuimt, omdat gij het niet kent.

XXVI.

WAT MEN MOET DOEN ALS MEN IN DEN GEESTELIJKEN STRIJD GEWOND IS.

Wanneer gij u gewond gevoelt, dat is, wanneer gij in zonden gevallen zijt, hetzij door enkele zwakheid, of wel met meer voordacht en vrijen wil, bedroef u dan niet te zeer, laat u niet door verdriet en onrust vervoeren, maar keer u tot God en zeg Hem met een nederig vertrouwen: »nu, o mijn God! heb ik U doen zien wie ik ben, want wat kon men van een zwak en blind schepsel als ik ben anders verwachten dan afwijking en zonden?" Houd u bij die gedachte een weinig op, om u in u zelven te beschamen en eene levendige droefheid over uwe zonden te verwekken!

Keer vervolgens, maar zonder ontsteltenis, heel uwen toorn tegen de driften die u beheerschen, bijzonder tegen die, welke de oorzaak van uwe zonden is geweest! O Heer! zult gij zeggen, ik zou nog veel grooter zonde begaan hebben, hadt Gij mij niet door uwe oneindige goedheid ondersteund.

Dank daarna duizend maal dien Vader der barmhartigheden; bemin Hem meer dan ooit, nu gij ziet hoe die goede God, wel verre van zich over u te wreken, u de hand nog toereikt, dat gij niet weder in die ongeregeldheid zoudt vallen!

Zeg eindelijk vol vertrouwen tot Hem: toon mij, o God! uwe liefde, laat een vernederden zondaar uwe goddelijke barmhartigheid ondervinden, vergeef mij al mijne schulden, en laat niet toe dat ik voor altijd van U gescheiden worde; versterk mij zoodanig met uwe genade, dat ik U nooit weder beleedige!

Ga daarna niet onderzoeken en u beangstigen of God u vergeven heeft; dat toch is u te vergeefs ontrusten en tijd verliezen, en in die wijze van doen is veel hoogmoed en bedrog des duivels, die u onder schoonschijnende voorwendsels tracht te schaden! Geef u dus aan de goddelijke barmhartigheid over, en zet uwe oefeningen met evenveel kalmte voort alsof gij niets misdreven hadt! Wanneer gij zelfs verscheidene keeren op eenen dag den Heer hadt beleedigd, moogt gij nog het vertrouwen op zijne goedheid niet

verliezen. Beoefen wat ik u zeg de tweede, de derde, de laatste maal zoowel
als de eerste, wek eene altoos grootere
minachting voor u zelven en een grooteren
haat tegen de zonde op, en wees in het
vervolg beter op uwe hoede! Deze wijze
van strijden ducht de duivel het meest,
wijl hij weet, dat zij aan God behaagt
en tot zijne beschaming strekt; want hij
ziet zich juist door hem ten onder gebragt,
wien hij bij andere gelegenheden zoo gemakkelijk overwonnen had. Ook gebruikt
hij al zijne listen, om er ons van af te
brengen, en dat gelukt hem niet zelden,
om de weinige zorg waarmede wij over
ons binnenste waken.

Overigens hoe meer moeijelijkheid gij
er in vindt, des te meer moet gij u zelven pogen te overwinnen. Houd u niet
tevreden met eens deze heilige oefening
aan te wenden, maar herhaal ze dikwijls,
al vindt gij u slechts aan eene enkele
zonde schuldig! Indien eene fout, waarin
gij ongelukkig gevallen zijt, u ontstelt
en ontmoedigt, tracht dan in de eerste
plaats den vrede uwer ziel en het vertrouwen op God weder te krijgen! Verhef
vervolgens uw hart tot den hemel, en
geloof vastelijk, dat het verdriet, hetwelk
men somtijds over de zonde gevoelt, niet

zoozeer de beleediging, God aangedaan,
ten voorwerp heeft, als wel de verdiende
straf, die men meer ducht dan al het
overige.

Het middel om dezen zoo wenschelijken
en noodzakelijken vrede weder te krijgen,
is: niet meer aan uwe zonde te denken,
maar op de oneindige goedheid te zien
van een God die altijd gereed is, en zelfs
verlangt, de afschuwelijkste misdaden aan
de grootste zondaars te vergeven, en die
niets nalaat, om hen tot hunne pligten
terug te brengen, hen vast aan zich te
verbinden, hen in dit leven te heiligen
en in het andere leven eeuwig gelukkig
te maken.

Hebben deze of soortgelijke overwegingen uwen geest tot kalmte gebragt, kom
dan op uwe zoude terug en neem alles
in acht wat wij gezegd hebben!

Breng, eindelijk, bij het H. Sakrament
der Biecht, waartoe ik u raad dikwijls
te naderen, u al uwe fouten voor oogen,
en verklaar die opregt aan uwen geestelijken vader, met een nieuw leedwezen
van God daardoor vergramd te hebben,
en met een nieuw voornemen om er nooit
weder in te vervallen!

XXVII.

BEKORINGEN VAN DIEGENEN WELKE ZICH OP DE DEUGD WILLEN TOELEGGEN, EN VAN HEN DIE NOG IN DE ONDEUGD GEDOMPELD ZIJN.

Het is zeker dat de duivel er slechts op uit is, om de menschen in het verderf te storten, en dat hij allen niet op gelijke wijze aanvalt. Om u eenige zijner listen te ontdekken, wil ik u in dit hoofdstuk verscheidenerlei personen in verschillenden staat en gesteltenis voor oogen stellen.

Sommigen zijn slaven der zonde, en denken er niet aan, om ooit hunne zondige ketenen te breken; anderen willen wel uit de slavernij geraken, maar zij doen niets, om er zich uit te redden; weder anderen meenen op den goeden weg te zijn, en zijn er juist het meest van verwijderd; nog anderen, eindelijk, na tot eenen hoogen trap van deugd gekomen te zijn, vallen dieper in zonde dan ooit te voren. In de volgende hoofdstukken zullen wij over die verschillende personen spreken.

XXVIII.

SATANS LISTEN OM HEN, DIE IN GROOTE ZONDEN ZIJN GEVALLEN, GEHEEL IN 'T VERDERF TE STORTEN.

Heeft Satan eene ziel tot de zonde kunnen brengen, dan bedient hij zich van alle listen om haar nog meer te verblinden en alles wat haar den ongelukkigen staat kan doen zien waarin zij zich bevindt, uit hare gedachte te verbannen. Het is hem niet genoeg, de goede invallen, welke God aan zulk eene ziel nog verleent, te verijdelen, hij tracht haar in gevaarlijke gelegenheden te brengen en legt haar strikken, om haar op nieuw of in dezelfde of in andere nog zwaardere zonden te doen vallen. Die toestand maakt, dat zij, van het goddelijke licht beroofd, hare ongeregeldheden vermeerdert en in het kwaad verhard wordt. Aldus wentelt en stort zij zich gedurig van de eene duisternis in de andere, van den eenen afgrond in den anderen; zij verwijdert zich al meer en meer van den weg harer zaligheid en vermenigvuldigt hare boosheden, zoo God haar niet door eene buitengewone genade ondersteunt.

O gij, die dit leest en misschien in een
zoo gevaarlijken toestand verkeert, sta.
stil, bid ik u, en verzet u niet langer
tegen de goddelijke inspraken, die u
van de duisternis tot het licht en van
de ondeugd tot de deugd terugroepen;
bid, bid met vurigheid: ach, Heer! sta
mij bij, kom mij spoedig te hulp; laat
mij toch niet langer in dezen nacht der
zonde en des doods; ontferm U mijner,
o God! naar uwe groote ·barmhartig-
heid, verwerp mij niet van uw aanschijn; o God! kom mij te hulp, Heer!
haast U om mij te helpen! Heer! wat
wilt Gij dat ik doen zal?

Ga vervolgens naar een priester, naar
uw geestelijken vader, vraag hem wat
gij doen moet, vraag hem wapenen tegen den vijand die u aanvalt! En kunt
gij u niet terstond tot hem begeven,
neem dan uwe toevlugt tot het kruis,
tot het beeld van uwen Jesus, werp u
aan zijne voeten en bid om genade; roep
ook de voorspraak in van de Koningin
des Hemels, van de H. Maagd Maria,
en smeek haar om hare barmhartige bescherming! Want zijt verzekerd dat van
deze oogenblikkelijke godsvrucht, van
uwe medewerking met de genade de
overwinning zal afhangen.

XXIX.

DE LISTEN VAN SATAN OM DE BEKEE-
RING TE DOEN UITSTELLEN.

Zij, die den zondigen staat van hun geweten inzien en gaarne uit dien ongelukkigen toestand willen geraken, worden gewoonlijk van den duivel misleid door de gedachte: dat zij nog lang zullen leven, en daarom met hunne bekeering gerust kunnen wachten. Hij stelt hun den staat hunner tijdelijke zaken voor oogen: een of ander regtsgeding moet eerst ten einde gebragt, eenige rekeningen vereffend, een zeker werk verrigt, deze of gene moeijelijkheid uit den weg geruimd, die kommervolle toestand veranderd zijn, anders is het onmogelijk, zich ernstig op het geestelijke leven toe te leggen en rustig wat dit vordert te beoefenen.

Velen zijn in dezen strik gevallen, en nog dagelijks leert eene droevige ondervinding, dat zoo menig in zonde gevallen Christen aan die bekoring toegeeft. Wat mag hiervan de reden zijn? Beminde Christen! niets anders dan eene groote verwaarloozing van 't werk uwer eeuwige zaligheid. O! dat wie in zonde viel niet zoo als gewoonlijk zegge: morgen, morgen! maar heden, heden! op dit oogenblik nog wil ik mij tot God wenden, zal ik mij bekeeren. Waarom morgen. Wie weet of gij den dag van morgén zult beleven; maar al wist gij dit zeker, is dat zalig willen worden, zijne boetvaardigheid uit te stellen? Of is nieuwe zonden te bedrijven het middel om de overwinning te behalen?

Gij moet dan terstond en bereidvaardig aan de eerste genade en inspraken des hemels gehoor geven, en niet bij bloote begeerten of bij zwakke en onvruchtbare voornemens, die een groot aantal menschen misleiden, u bepalen. Want vooreerst zulke begeerten en voornemens zijn niet op het wantrouwen van zich zelven en het betrouwen op God gegrond. De ziel, vol heimelijken hoogmoed, wordt er nog zoo door verblind, dat zij reeds voor eene wezenlijke deugd houdt wat er naauwelijks den schijn van heeft. Onze goede voornemens hebben geen afdoende kracht, als zij niet vast en bestendig zijn, en zij zijn niet vast en bestendig, als zij het wantrouwen op zich zelven en het betrouwen op God niet ten grondslag hebben.

Ten andere, die begeerten en onvruchtbare voornemens bepalen zich bij de bloote beschouwing van de schoonheid en voortreffelijkheid der deugd, die uit zich zelve ook den zwaksten wil aantrekt, maar men let niet op de gevorderde inspanning ter verkrijging van die deugd; van daar dat eene lafhartige ziel bij de minste moeijelijkheid terugwijkt en hare onderneming en goede voornemens opgeeft. Zie dus veeleer op de moeijelijkheden, die zich in het verkrijgen der deugden opdoen, dan op de deugden zelven; denk hier dikwerf aan en maak u gereed om die bezwaren naar omstandigheden te boven te komen! Weet, dat hoe grooter uw moed is om u zelven te overwinnen of uwe vijanden te wederstaan, des te meer ook de moeijelijkheden zullen wijken en u gering toeschijnen!

Nog om eene derde reden blijven onze begeerten en voornemens onvruchtbaar, omdat wij minder de deugden en den wil Gods, dan wel ons eigen belang op het oog hebben, gelijk gewoonlijk gebeurt wanneer wij vele vertroostingen, vooral ten tijde van tegenspoed, ondervinden. Want eerst dan, als wij dien troost in onze rampen niet erlangen, nemen wij het besluit om ons geheel aan God over te geven en ons voortaan alleen op de beoefening der deugd toe te leggen. Om van deze zijde niet te zondigen, moet gij u wel voor het misbruiken van de goddelijke genade wachten; wees nederig en voorzigtig in uwe goede voornemens, en laat u niet door een onberaden ijver of door beloften vervoeren die gij niet volbrengen kunt! Vraag niet anders dan dat de almagtige hand Gods u in alles ondersteune, en dat gij met zijne genade alle moeijelijkheden, die u van het pad der deugd zouden verwijderen, moogt te boven komen!

XXX.

DE DWALING VAN SOMMIGEN DIE TEN ONREGTE MEENEN, OP DEN WEG DER VOLMAAKTHEID TE ZIJN.

Als de vijand in een eersten en tweeden aanval overwonnen is, beproeft hij een derden. Hij tracht ons de ondeugden en driften, die ons nog werkelijk en op dat oogenblik bestrijden, te doen vergeten, en vervult ons met ijdele plannen eener ingebeelde volmaaktheid, waartoe hij wel weet dat wij nooit zullen geraken. Hierdoor vervallen wij ieder oogenblik in zonde en denken aan geen herstel. Want

die ijdele begeerten en voornemens schijnen ons wezenlijke uitwerksels onzer
deugd toe, en door een verborgen hoogmoed meenen wij reeds eene hooge heiligheid te hebben verkregen.

Wij kunnen niet eens de minste smart
of het geringste onregt verdragen, en
nogtans vormen wij in onze overwegingen
groote plannen om zelfs ·de wreedste
folteringen, ja de pijnen des vagevuurs
uit zuivere liefde tot God te lijden. En
wijl onze zinnelijke mensch voor een lijden niet vreest dat zoo verwijderd is,
durven wij ons vergelijken bij hen, die
werkelijk grooter smarten met een nog
grooter geduld verdragen. Wilt gij een
zoo gevaarlijken strik vermijden, strijd
dan liever tegen de vijanden die u omringen en u van nabij aanvallen! Zoo
kunt gij weten of uwe goede voornemens lafhartig of edelmoedig, schijnbaar
of opregt waren, en gij zult langs den
weg der Heiligen tot de volmaaktheid
opklimmen. Wil niet strijden tegen de vijanden die verre af zijn, en u den oorlog niet aandoen, of gij moest voorzien,
dat zij op een zekeren tijd en! bij zekere gelegenheid zich tegen u zullen verheffen; in ·dit geval moet gij u vroegtijdig met het onwrikbaar besluit wapenen

om hen ten onder te willen brengen.

Hoe vast evenwel dit besluit zij, beschouw het niet als eene overwinning, ook dan niet als gij u reeds eenigen tijd op de beoefening der deugd hebt toegelegd; blijf altijd nederig en vrees alles van uw zwakheid! Wantrouw u zelven en vertrouw op God alleen; bid Hem dikwijls, dat Hij u in den strijd versterke, u voor alle gevaar behoede, alle vermetelheid vooral en vertrouwen op uwe eigene krachten in uw hart te niet doe; hiermede moogt gij hopen, eene hooge volmaaktheid te zullen bereiken, al hebt gij dan ook veel moeite, om u van eenige kleine fouten te verbeteren. God laat ze toe, om u te vernederen, en u daardoor de weinige verdiensten, welke gij door uwe goede werken verkregen hebt, te doen behouden.

XXXI.

SATANS LISTEN OM ONS DEN WEG DER DEUGD TE DOEN VERLATEN.

De vierde list, waarmeê de booze geest ons wil bedriegen, wanneer hij ons den weg der volmaaktheid ziet bewandelen, is, dat hij ons te onpas vele goede plannen ingeeft, opdat wij onze gewone oefeningen nalaten en ons ongemerkt in de ondeugd wikkelen zouden.

Lijdt b. v. een zieke ·zijne kwaal met geduld, of is een braaf Christen, die onder veel zorg en kommer gebukt gaat, met Gods h, wil tevreden, dan vreest de vijand onzer zaligheid, dat zij zich de deugd van geduld zullen eigen maken, en hij stelt hun vele heilige werken voor den geest, welke men in een anderen staat zou kunnen volbrengen; hij doet den zieke gelooven, dat hij in gezonden staat veel grooter eer aan God zoude bewijzen. Een' ander, die onder rampen en tegenspoed gebukt gaat, houdt hij voor, dat hij in voorspoed nuttiger nog voor zich zelven en voor den naaste wezen zoude. Wanneer dan de bekoorder in hem een ijdel verlangen naar de gezondheid of naar voorspoed heeft kunnen opwekken, voedt hij dit menigwerf zoodanig, dat de zieke verdrietig, de bedrukte moedeloos wordt, als zij niet verkrijgen wat zij wenschen; en naar gelang de begeerten ontvlammen neemt de onrust toe.

Doch de vijand gaat nog verder, en hij brengt hen eindelijk tot ongeduld, zoodat zij de ziekte en tegenspoeden als beletselen beschouwen voor de hersenschimmige plannen, die zij onder voorwendsel van een veel grooter goed vuriglijk wenschen te volbrengen.

Heeft Satan hen zoo verre gebragt, dan wischt hij allengs dat geheele denkbeeld van goede werken uit hunnen geest, en laat hun alleen de begeerte om van die ziekte of tegenspoeden verlost te zijn, en zij worden, indien nu die kwaal of rampspoed langer duurt dan zij wel wenschten, verdrietig en ongeduldig, en vallen onmerkbaar van de deugd, die zij beoefenden, in de ondeugd die hiermede het meest strijdig is.

Het middel om u tegen dit bedrog te beveiligen, is, dat gij, in wat staat van lijden of tegenspoed gij u bevindt, u wel wacht, eenig goed werk op een ongepasten tijd te willen verrigten; want dit verlangen, als het met ongeduld gepaard gaat, sleept slechts onrust en verdriet na zich. Houd u dan met een diep gevoel van nederigheid overtuigd, dat indien God u uit uwen tegenwoordigen staat bevrijdde, alle goede begeerten misschen zonder uitwerking zouden blijven. Geloof dat God door eene geheime beschikking zijner voorzienigheid, tot straf uwer zonde, niet wil dat gij dit goede werk verrigt, maar u liever onderworpen aan zijnen wil en liever vernederd ziet onder zijne magtige hand.

Doe op gelijke wijze, wanneer gij, hetzij door uwen geestelijken vader, of om eenige andere reden, verpligt wordt, uwe gewone godsdienstige oefeningen na te laten, of zelfs u voor een tijd van de H. Tafel te onthouden. Word daarom niet neerslagtig en verdrietig, maar verloochen bereidvaardig uw eigen wil, en schik u naar den wil van God, zeggende: indien God, die den grond mijns harten kent, geene ondankbaarheid in mij zag, zou ik heden niet van de H. Communie beroofd zijn. Zijn naam zij eeuwig gezegend! Ik geloof vastelijk, o Heer! dat Gij in alle droefheden niets anders van mij verlangt, dan dat ik met geduld en alleen om U te behagen die lijde, mijn hart U opdrage, altijd onderworpen aan uwen goddelijken wil en altoos bereid om U te ontvangen, opdat Gij, in dat hart komende, het met geestelijken troost moogt vervullen en tegen de helsche magten verdedigen. O mijn Schepper en mijn Zaligmaker! handel met mij naar uw welbehagen! Dat uw goddelijke wil nu en in alle eeuwen mijn steun en mijne spijze zij; ik vraag u slechts eene zaak, dat namelijk mijne ziel, gezuiverd van al wat U mishaagt en met alle deugden versierd, niet slechts in staat zij U te ontvangen, maar ook om alles te doen wat U kan behagen.

Zij, die dit goed beoefenen, mogen zich beloven, dat, wanneer zij zich tot eenig goed werk, dat boven hunne krachten is, gedrongen voelen, — hetzij die begeerte bloot natuurlijk is, of dat zij van Satan komt, of dat God die ingeeft, om hunne gehoorzaamheid op de proef te stellen, — dit hun altijd eene gelegenheid zal zijn om in de volmaaktheid te vorderen en God op die wijze te dienen als Hem het aangenaamste is.

Gedenk insgelijks, dat, als gij in ziekte of lijden eenig geneesmiddel gebruikt, uw verlangen naar genezing niet al te hevig mag zijn! Wees in alles onderworpen, en verlang alleen, dat de wil van God geschiede! Want wie weet of Hij door dit of door een ander veel beter middel u van uwe kwalen wil genezen? Indien gij anders doet, zal het tot uwe schade zijn; misschien toch zult gij niet verkrijgen wat gij zoo hartstogtelijk wenscht, en dan zult gij u bezwaarlijk voor ongeduld hoeden, of althans uw geduld zal met vele onvolmaaktheden gepaard gaan, die het minder aangenaam aan God maken, en er de verdiensten merkelijk van verminderen.

Ik zal u eindelijk nog eene geheime kunstgreep van onze eigenliefde ontdekken, die bij duizend gelegenheden onze anders wel zigtbare gebreken voor ons zelven verbergt. Een zieke b. v., die zich over zijnen toestand bovenmate bedroeft, wenscht dat men zijn ongeduld aanzie voor ijver tot een schijnbaar goed. Het is, gelijk hij meent, geen wezenlijk ongeduld, het is een billijk misnoegen, wijl hij ziet, dat zijne ziekte eene straf der zonde of voor die hem omgeven zoo lastig en vermoeijend is. Even zoo is het ook met een eerzuchtige, die zich beklaagt, dat hij eenig ambt of eene waardigheid, waarnaar hij stond, niet heeft kunnen verkrijgen. Hij schrijft zijn verdriet niet toe aan zijne ijdelheid, maar aan geheel andere oorzaken, waarover hij zich bij andere gelegenheden weinig zou bekommeren. Zoo wordt de zieke. die zooveel medelijden heeft met zijne verzorgers, zoodra hij genezen is, niet meer getroffen, nu hij hen dezelfde ongemakken bij een anderen zieke ziet lijden. Een duidelijk bewijs, dat zijn ongeduld niet van de moeite komt, die hij anderen veroorzaakt, maar van zijn heimelijken afkeer tegen al wat met zijn wil strijdt. Al wie nu deze klippen wil vermijden, moet alle kruisen, die hem in deze wereld, van welken kant ook, overkomen, geduldig aannemen.

XXXII.

VAN DE LAATSTE LIST DES DUIVELS, WAARDOOR ZELFS DE DEUGDEN VOOR ONS GELEGENHEDEN TOT ZONDEN WORDEN.

De oude slang heeft het middel uitgevonden om ons zoodanig door onze eigene deugden te bekoren, dat deze zelfs gelegenheden tot zonden worden. Hij spoort ons aan tot hoogachting en welbehagen voor ons zelven; hij verheft ons zoo hoog, dat het ons bijna onmogelijk is, geene ijdele eerzucht te gevoelen. Strijd derhalve altijd en blijf standvastig in de kennis van uw *niet;* denk dat gij van u zelven *niets* zijt, dat gij niets weet en niets kunt; dat gij, vol ellenden en zonden, niets dan de eeuwige verwerping verdient! Overweeg gestadig deze gewigtige waarheid, dat zij voor u eene sterkte zij, die gij niet verlaat, en zoo u vermetele gedachten of gevoelens overvallen, verstoot ze als gevaarlijke vijanden, die uw verderf gezworen hebben!

Maar, beminde Christen! verlangt gij, eene volkomene zelfkennis, dan moet gij, zoo dikwerf gij uw blik werpt op u zelven of op uwe werken, wel toezien, wat uit u alleen komt, zonder er bij te mengen wat uit God is en gij door zijne genade hebt, en grond dus alle achting, die gij voer u zelven gevoelt, op hetgeen gij uit u hebt⊢Beschouw den tijd vóór uwe geboorte, gij zult zien dat gij heel die eeuwigheid door niets waart, en niets hebt kunnen doen, om de weldaad van het bestaan te verdienen; beschouw den tegenwoordigen tijd, waarin gij, alleen door Gods barmhartigheid, voortleeft, wat zoudt gij zijn, zoo zij u niet behield? Gij zoudt tot het *niet* wederkeeren, waaruit gij zijt voortgekomen.

Indien gij, beminde Lezer! dit eens ernstig bedenkt, en u afvraagt, welke verdiensten gij hebt, dan zult gij geene hoogachting voor u zelven koesteren, of wenschen van anderen hooggeacht en geëerd te worden.

In de bovennatuurlijke orde der genade en de beoefening der goede werken hebt gij geen reden meer om u te verhoovaardigen. Welke verdiensten toch hebt gij of kunt gij hebben zonder de hulp des hemels?

Gedenk die menigte van zonden, welke gij bedreven hebt, en die, welke gij nog zoudt bedrijven, als God u niet bewaarde, en gij zult bevinden, dat bij het klimmen uwer jaren ook uwe slechte daden en gewoonten zouden toenemen, en, daar de eene ondeugd de andere na zich sleept, uwe ongeregtigheden tot schier in 't oneindige zouden geklommen zijn. Deze gedachten moeten u minachting voor u zelven inboezemen en u de oneindige verpligtingen, welke gij aan de goddelijke goedheid hebt, doen erkennen, wel verre van Hem de eer, die Hem alleen toekomt, te willen ontrooven.

Wacht u, dat in de beoordeeling van u zelven de ijdele glorie er geen deel in hebbe. Want al zijt gij uwe ellende beter bewust dan een ander, die door eigenliefde verblind is, de zijne kent, toch zult gij zondiger en strafbaarder zijn van den kant van uwen wil, zoo gij, in weêrwil van de kennis uwer gebreken, nog altijd door de menschen voor braaf en heilig wilt aangezien worden.

Zal deze kennis u van de ijdele eerzucht

bevrijden en u aangenamer maken aan Hem, die het toonbeeld der nederigen is, heb dan niet slechts een klein gevoelen van u zelven, maar wensch ook nog, indien gij de ware volmaaktheid zoekt, van de wereld veracht te worden; gij moet allen lof verafschuwen, den smaad beminnen en vermaak vinden in de laagste. diensten te verrigten, zonder u te bekommeren wat men daarbij van u denke. Tracht slechts die oefeningen uit diep gevoel van nederigheid en niet uit een valschen hoogmoed te verrigten of uit eene natuurlijke trotschheid, die alleen onder den schijn van christelijke edelmoedigheid de gesprekken der wereld en hare oordeelvellingen versmaadt.

Toont men u eenige hoogachting, prijst men u over eenige goede hoedanigheden, die gij van den hemel ontvangen hebt, keer terstond in u zelven, zeg uit geheel uw hart tot God: o Heer! laat niet toe, dat ik U den lof, die U toekomt, ontroove door aan mijne eigene krachten toe te schrijven wat alleen het werk uwer genade is! U alleen eer en lof, mij slechts smaad en beschaming! Wend u vervolgens in den geest tot dengenen die u prijst, en zeg uit den grond uws harten: wat reden kan iemand hebben om mij te prijzen? Welke goedheid, welke volmaaktheid vindt hij in mij? God alleen is goed en alleen zijne werken zijn volmaakt. Verneder u op deze wijze, geef aan God wat God toekomt, gij zult u daardoor tegen de ijdelheid verdedigen en dag aan dag grootere genaden verdienen.

Wekt de herinnering uwer goede werken eenig ijdel behagen bij u op, onderdruk die gedachte terstond en denk dat die goede werken niet van u, maar van God komen, en spreek hen met alle nederigheid toe: ik weet niet hoe gij in mijn hart ontvangen zijt, noch hoe gij uit dezen afgrond van bedorvenheid en zonde hebt kunnen voortkomen; want ik heb u niet gemaakt, God heeft u voortgebragt, en zijne goedheid heeft u in mij bewaard; Hem wil en moet ik danken, op Hem breng ik allen lof over dien men mij toekent.

Bemerk daarenboven, dat al uwe werken van godsvrucht, behalve dat zij niet beantwoord hebben aan den overvloed van licht en genade, dien God u gegeven heeft, nog veel gebrekkigs hadden en die zuiverheid van meening, die vurigheid en die naarstigheid misten, welke gij daarbij hadt moeten en kunnen aanbrengen.

Bij een opregt onderzoek zult gij slechts stof tot beschaming vinden, omdat gij zoo weinig voordeel getrokken, of liever zulk een slecht gebruik van de goddelijke genade gemaakt hebt.

En vergelijk daarna uwe werken eens bij die der groote Heiligen en gij zult over dat verschil moeten blozen. En vergelijkt gij ze dan bij de werken van den Zoon Gods, uw' Zaligmaker en uw toonbeeld, wiens geheele leven een voortdurend kruis was, al ziet gij niet op de waardigheid van zijnen persoon, maar enkel op de grootheid zijner smarten en op die zuivere liefde waarmede Hij alles heeft verdragen, dan zult gij moeten bekennen, dat gij nooit iets gedaan of geleden hebt, wat er slechts eenigzins bij te vergelijken is.

En slaat gij, eindelijk, de oogen ten hemel, en aanschouwt gij Gods oneindige majesteit, dan zullen u al uwe goede werken veeleer eene reden tot vrees dan tot ijdele glorie zijn. Wat goed gij ook doet, altijd moet gij met een diep gevoel van nederigheid zeggen: *mijn God! ontferm U over mij die een zondaar ben* [1]).

Zie ook toe, dat gij de genáden, die

---

1) Luc. XVIII, 13.

God u geschonken heeft, niet ligtelijk aan anderen bekend maakt. Want dit mishaagt onzen Heer, zooals het volgende voorbeeld u kan doen zien. Als Hij eens aan eene zijner dienaressen in de eenvoudige gedaante van een klein kind en zonder eenig teeken zijner Godheid verschenen was, verzocht zij het kind eenvoudig weg, een *Wees gegroet* te bidden, hetgeen het terstond deed; maar als Hij gezegd had: *Gezegend zijt gij onder de vrouwen*, hield Hij eenklaps op, daar Hij er niets wilde bijvoegen van hetgeen tot zijn eigen lof was. En toen die vrome maagd er op aandrong, dat hij met dat gebed zoude voortgaan, verdween het kind, en liet die heilige ziel vervuld van troost, en, door het voorbeeld, dat Jesus zelf haar gaf, meer dan ooit doordrongen van het groot gewigt der ootmoedigheid.

Leer u ook vernederen in al uwe werken, beschouw ze als zoovele spiegels die uwe nietigheid u voor oogen stellen. Gelijk God in den beginne onzen eersten vader uit het niet trok, aldus grondt Hij nu heel het geestelijke gebouw op deze waarheid: dat wij uit ons zelven *niets* zijn. Hoe meer wij daarom ons vernederen, des te hooger verheft zich het gebouw, en naarmate wij in de aarde graven en den grond

onzer nietigheid ontdekken, legt de opperste bouwmeester de hechte steenen, die
tot het optrekken van dit geheimzinnig
gebouw moeten dienen. Grif het dus diep
in uw geest, dat gij nooit te laag kunt
afdalen, en dat, kon er iets oneindigs in
de schepping bestaan het uwe boosheid
en geringheid zou wezen. O goddelijke
kennis, die ons geluk op aarde en glorie
in den hemel schenkt! O verwonderlijk
licht, dat uit de duisternis onzer nietigheid voortkomt, om onzen geest tot God
op te heffen! O niet gekend, maar kostbaar gesteente, dat schittert te midden
van · de onreinheden onzer zonden! O Niet,
dat we slechts te erkennen hebben, om
meester van alles te worden.

Ik kan schier niet te veel over deze
stof spreken. Wie toch de goddelijke majesteit wil eeren, moet zich zelven verachten, en wenschen dat ook anderen
hem verachten; verootmoedig u voor alle
menschen, verneder u onder allen, als
gij wllt dat God in u verheerlijkt worde
en gij in Hem! Om u met Hem te vereenigen, moet gij de eer en de grootheid
vlugten; want God verwijdert zich van
hen die zich verheffen; kies overal de laatste plaats, en God zal van zijnen troon
afdalen, om tot u te komen, om u te om-

helzen, om u zooveel te meer liefde te bewijzen, als gij meer genegenheid toont om u te vernederen en van iedereen veracht te worden.

Indien uw God, die, om zich naauwer met u te verbinden, de laatste der menschen is geworden, u zulke nederige gevoelens ingeeft, moet gij Hem dikwijls hiervoor danken. Dank ook allen die u die nederigheid helpen bewaren, door u te miskennen, of u voor te zwak te houden om een smaadwoord te verdragen; dank hen, zeg ik, en wat kwaad zij ook van u zeggen, laat u niet de minste klagt ontsnappen!

Maar bijaldien, eindelijk, niettegenstaande al deze hulpmiddelen, hoe sterk en krachtig ook, de boosheid des duivels, het gebrek aan zelfkennis, de bedorvene genegenheden nog altijd uwen geest met ijdele gedachten vervullen en in uw hart ijdelheid opwekken, verneder u dan des te meer, daar gij door eigene ondervinding ziet, hoe weinig voortgang gij in het geestelijk leven gemaakt hebt, en hoeveel moeite het u kost om van die lastige gedachten, die een diepen grond van hoogmoed in u aanduiden, bevrijd te worden! Hierdoor zult gij van het vergift een tegengift en van het kwaad een geneesmiddel maken.

XXXIII.

GEWIGTIGE RAADGEVINGEN VOOR HEN DIE HUNNE DRIFTEN VERSTERVEN EN DE DEUGDEN, DIE HUN ONTBREKEN, WILLEN BEKOMEN.

Veel reeds heb ik u er over gezegd, hoe gij uwe driften overwinnen en de u ontbrekende deugden verwerven moet; er blijft evenwel nog veel over dat voor u van het hoogste belang is.

1. Indien gij eene gevestigde deugd wilt verkrijgen en volkomen meester van u zelven worden, verdeel dan niet zoodanig de oefeningen der deugden, dat gij deze aan den eenen en gene aan een anderen dag der week verbindt, en daardoor in eene bestendige verandering zijt. De in acht te nemen orde is: dat gij dien hartstogt, die u het meeste ontrust, tracht uit te roeijen, en u gelijktijdig met alle kracht er op toelegt, om in een uitstekenden graad die deugd te erlangen die tegen uwe hoofddrift over staat. Want, eens in 't bezit eener zoo wezenlijke deugd, zult gij gemakkelijk alle andere verkrijgen, ook zonder dat gij daartoe zoovele afzonderlijke oefeningen verrigt. De deugden

zijn inderdaad zoo een met elkaàr, dat ééne deugd volmaakt te bezitten, genoeg is om alle overige te verkrijgen.

Bepaal nooit den tijd waarin gij u eene deugd wilt eigen maken; zég nooit: ik zal zooveel dagen, zooveel weken, zooveel jaren besteden, om de deugd van nederigheid, matigheid, zachtzinnigheid te verkrijgen, maar strijd altoos als een nieuwe krijgsknecht, en tracht u door eene roemrijke overwinning den weg tot de volmaaktheid te openen! Geen dag ga u zonder eenige vordering op den weg der volmaaktheid voorbij; want wie stil staat gaat, wel verre van uit te rusten, achterwaarts en wordt moedeloozer dan te voren. Wanneer ik u zeg: ga altoos en gestadig voort, bedoel ik: denk nooit dat gij tot het toppunt van christelijke volmaaktheid gekomen zijt; laat geen gelegenheid ter deugdbeoefening voorbij gaan, en heb een afschrik zelfs van de kleinste gebreken!

Volbreng daarom met de uiterste naauwgezetheid de pligten van uwen staat, en poog bij iedere zich opdoende gelegenheid alle deugden voortreffelijk te beoefenen; bemin en zoek vooral die gelegenheden, welke u heiligen en volmaken, bijzonder als zij met eenige moeijelijkheid gepaard gaan; want om deze te boven te komen, moet gij u geweld aandoen en dit helpt de gewoonte van deugd in weinig tijds vormen en bevestigen! Bemin ook hen die u deze gelegenheid tot zelfverwinning verschaffen! Vlugt enkel, zooveel gij kunt, al wat tot de bekoringen des vleesches aanleiding kan geven!

3. Wees gematigd en voorzigtig in die beoefeningen der deugd, welke de gezondheid des ligchaams kunnen schaden, als: kastijdingen, haren kleederen, vasten, nachtwaken, al te lange overwegingen of andere onvoorzigtige boetplegingen! Want in de beoefening dier uitwendige deugden moet men langzamerhand toenemen en als bij trappen opklimmen. Maar wat de inwendige oefeningen betreft, zooals God te beminnen, de wereld te haten, zich zelven te verachten, zijne zonden te verfoeijen, zachtmoedig en geduldig te wezen, zijne vijanden te beminnen: hierin behoeft men geen maat te houden, heeft men geen voorzigtigheid noodig; daarvan moet men de akten altijd zoo volmaakt mogelijk doen.

4. Het doel van al uw zorgen zij het overwinnen van die driften, welke gij bezig zijt te bestrijden; en beschouw deze overwinning als boven wat ter wereld

ook voordeelig voor u en aangenaam aan God! Hetzij gij waakt of slaapt, eet of drinkt, werkt of rust, het strekke eenigerwijze daartoe: om uwe hoofddrift te beheerschen en de tegenovergestelde deugd te verwerven.

5. Haat in 't algemeen al de gemakken en vermaken der wereld, en weinig slechts zult gij aangevochten worden van die ondeugden, welke al hare kracht uit de aanlokselen van den wellust ontleenen. Maar indien gij het eene vermaak verwerpt en het andere najaagt, indien gij slechts eene enkele ondeugd den oorlog aandoet en aan andere toegeeft, zal, ofschoon de wonden, die gij van de andere ontvangt, minder gevaarlijk zijn, de strijd nogtans altoos hardnekkig en de overwinning onzeker wezen.

Heb dan altijd deze woorden der H. Schrift voor oogen: *Die zijn leven lief heeft zal het verliezen* [1]); en integendeel, die zijn leven in deze wereld haat, zal het behouden voor het eeuwige leven. *Wij zijn geen slaven van het vleesch om volgens het vleesch te leven* [2]). Indien gij dan volgens het vleesch leeft, zult gij sterven; maar indien gij het

1) Joan. XII, 25.
2) Rom. VIII, 13.

vleesch versterft door den geest, zult gij leven.

6. De laatste raad, dien ik u geef, is: dat het welligt goed en misschien noodig is, dat gij allereerst eene algemeene biecht met de vereischte gesteltenissen doet, om u meer nog te verzekeren van eene volkomene verzoening met God, die de bron is der genade en de gever der overwinning.

XXXIV.

DE DEUGDEN BEREIKT MEN LANGS TRAPPEN EN DE EENE NA DE ANDERE.

De ware dienaar van Jesus Christus, die naar eene hoogere volmaaktheid streeft, moet wel geene grenzen aan zijn geestelijken voortgang stellen, hij heeft evenwel allen onberaden ijver te matigen, die aanvankelijk niets moeijelijk acht, doch gevaar loopt van te verflaauwen en eindelijk geheel en al uit te dooven. Het is dus goed, behalve wat gezegd is omtrent de regeling zijner uitwendige oefeningen, op te merken, dat ook de inwendige deugden allengs worden verkregen en slechts langs trappen te bereiken zijn .Aldus legt men de gronden tot eene vasteen gevestigde godsvrucht, en in weinig tijds maakt men grooten voortgang.

Wat b. v. de deugd van geduld aangaat, denk niet dat gij dadelijk alle kruisen kunt verlangen en er u in verheugen, eerst moet gij u getroosten de laagste graden dier deugd door te gaan. Naar ditzelfde plan moet gij niet alle of zelfs vele deugden te gelijk willen beoefenen, houd u eerst aan ééne deugd en later weder aan eene andere, zoo gij wilt dat de gewoonte zich diep en zonder veel moeite in uwe ziel vestige. Want legt gij u aanhoudend op ééne deugd toe, zij blijft dan levendiger in het geheugen; uw verstand, door het hemelsch licht bestraald, zal nieuwe middelen opsporen om haar te beoefenen, en ook uw wil zal haar met meer ijver omhelzen; en dit gebeurt niet als die drie krachten der ziel over verschillende voorwerpen verdeeld zijn.

Verder zullen ook de vereischte oefeningen om de gewoonte eener deugd te verkrijgen, minder moeijelijk worden, wanneer zij allen slechts een en hetzelfde doel hebben en elkander helpen.

Beminde lezer! houd u overtuigd, dat al wie zich tot ééne deugd ernstig bevlijtigt, ongemerkt ook de andere deugden leert beoefenen, en dat ééne deugd niet tot volmaaktheid kan komen, zonder dat tevens ook alle andere volmaakter worden: zóó innig één zijn zij onderling ,als de stralen eener zelfde zon.

XXXV.

DE MIDDELEN OM EENE DEUGD TE VERKRIJGEN.

Bij het reeds gezegde voeg ik nog dat gij, om wezenlijk deugdzaam te worden, veel moed en een sterken en edelmoedigen wil dient te hebben; want groote tegenspraak en moeijelijkheden wachten u. Gij moet daarenboven eene bijzondere genegenheid hebben voor de deugd, en deze genegenheid komt, door dikwijls te overwegen: hoe behagelijk de deugd aan God, hoe voortreffelijk zij in zich zelve en hoe nuttig en noodzakelijk zij voor den mensch is. Het is van het hoogste belang, zich elken morgen die beoefening der deugd vast voor te nemen, dikwijls door den dag te onderzoeken of gij uwe goede voornemens hebt volbragt, om ze dan weder te hernieuwen. Doe dit bijzonder, bid ik u, ter verkrijging van die deugd, die u het noodzakelijkst is; breng op haar alle bemerkingen terug, die gij maakt op de voorbeelden der Heiligen, en iedere overweging op het leven en lijden onzes Heeren; maak u de oefening dier in- of uitwendige deugd zoo gewoon, dat gij er zooveel gemak en vermaak in vindt, als gij vroeger hadt in uwe natuurlijke neiging te volgen! Die oefeningen en akten, welke het meeste met de genegenheden der natuur strijden, zijn de geschiktste om in uwe ziel de gewoonte der deugd te vormen.

Eenige toepasselijke plaatsen uit de H. Schrift, wel herdacht en met mond of hart gesproken, zijn bij deze oefening ook zeer voordeelig. Wilt gij b. v. op de zachtmoedigheid of op het geduld u toeleggen, dan kunt gij u van deze of diergelijke woorden bedienen: *Mijne kinderen, verdraagt geduldig den toorn van eenen God die over u komt* [1]), om uwe misdaden te straffen. *Het geduld van den arme zal niet voor altijd beroofd zijn van het goed dat hij verwacht* [2]). *Een geduldig man is meer waard dan een dappere; hij, die zich zelf kan beheerschen, verdient de voorkeur boven hem, die sterke steden inneemt* [3]). *Gij zult uwe ziel in lijdzaamheid bezitten* [4]). *Laten wij zoo*

1) Bar. IV, 25. 2) Ps. IX, 19.
3) Prov. XVI, 32. 4) Luc. XXI, 19.

*loopen dat wij door ons geduld de belooning
verdienen, die God ons voorstelt* [1]).

Men kan hierbij nog de volgende verzuchtingen voegen: o mijn God! wanneer
zal ik met het geduld gewapend zijn als met
een schild, dat mij tegen de pijlen van
den vijand beschermt? Wanneer zal ik U
zoodanig beminnen, dat ik zelfs met
blijdschap alle droefheden ontvang, welke
het U zal behagen mij over te zenden?
O leven van mijne ziel! zal ik dan nimmer
u ter eer en volkomen tevreden onder
het lijden leven! O hoe gelukkig zou ik
zijn, als ik in het vuur der beproeving
van begeerte brandde, om geheel voor
uwe dienst verteerd te worden! Gebruik
deze of diergelijke verzuchtingen, welke
de godsvrucht u zal ingeven! Men noemt
ze *schietgebeden*, want ze zijn als vurige
schichten, die wij naar den hemel op-
zenden en die het vermogen hebben om
ons hart derwaarts op te voeren en het
hart van God te treffen; dan vooral als
zij verzeld gaan, vooreerst van de zekere
bewustheid, dat God ons met welgevallen in 't beoefenen der deugd bezig ziet,
en ten andere van] de vurige begeerte
om in alle deugden te vorderen en dat

1) Hebr. XII, 1.

alleen om aan de goddelijke goedheid te behagen. O beminde lezer! wil die godvruchtige verzuchtingen, die korte oefeningen van geloof en liefde, die schietgebedjes trouw en ijverig doen; zij zullen u, schoon midden in de wereld, gestadig in Gods tegenwoordigheid doen wandelen, en gij zult op die wijze 's Heeren bevel om altoos en zonder ophouden te bidden zoo goed volbrengen.

XXXVI.

DE BEOEFENING DER DEUGD VORDERT EEN GEDURIGEN IJVER.

Het is op den weg der volmaaktheid noodzakelijk, altoos, altoos vooruit te gaan; want stilstaan, zegt de H. Aug., is hier achteruitgaan. Zoodra wij de beoefening der deugd achterlaten, wekt de natuurlijke genegenheid tot vermaak en zingenot in ons ongeregelde bewegingen op, die de gewoonte der deugd te niet doen, of althans verzwakken.

Een reiziger kan stilstaan, zonder juist terug te gaan, en de vermoeijenis van een langen weg belet hem soms zijn pad te vervolgen. Anders is het op den weg der volmaaktheid; men voelt zijne krachten aangroeijen, naarmate men meer vooruitgaat. De moeijelijkheden, welke men er vroeger in zag, verminderen grootendeels, en eene zekere zoetheid, waardoor God de bitterheden van dit leven verzacht, neemt naar evenredigheid toe, zoodat men altijd van deugd tot deugd voorttreedt en eindelijk aan den top van den berg komt, tot die hoogste volmaaktheid en dien gelukkigen staat, waarin de ziel hare geestelijke verrigtingen niet zonder weerzin slechts, maar met een onuitsprekelijk genoegen begint te volbrengen, omdat zij over hare driften zegepraalt, zich boven de schepselen en boven zich zelve verheft, in den schoot van God leeft en daar bij aanhoudenden arbeid toch eene aangename rust geniet.

XXXVII.

MEN MOET GEEN GELEGENHEID OM ZICH IN DE DEUGD TE OEFENEN LATEN VOORBIJ GAAN.

Men moet dan, gelijk wij toonden, op den weg der volmaaktheid altijd voortgaan en nooit stilstaan. Waak dan zoodanig over u zelven, dat gij geen gelegenheid verzuimt om u met deugden te verrijken, en zie niet op, wat wel eens geschiedt, tegen oefeningen, met uwe bedorven natuur in strijd: want door deze vooral komt men tot heldhaftige deugd.

Wilt gij b. v. geduldig worden: ontvlugt de personen, de bezigheden, de bedieningen niet, die u somwijlen ongeduld veroorzaakten; neen, gewen u veeleer met alle menschen om te gaan, hoe lastig en weing inschikkelijk zij ook zijn! Verdraag zelfs wat u het moeijelijkste valt, anders zult gij nooit de gewoonte van geduld u eigen maken.

Indien, beminde lezer! eenige werkzaamheden u mishagen, of omdat zij u niet aangenaam zijn, of omdat iemand, van wien gij niet houdt, ze u gebiedt, of omdat zij u van eene andere bezigheid, die meer naar uwen zin is, afhouden, weiger ze daarom niet! Heb moeds genoeg, om dat werk niet enkel met blijdschap te omhelzen, maar er ook in te volharden, zelfs dan wanneer gij er onrust door gevoelt en gij door het te staken uwen geest meer rust zoudt kunnen verschaffen! Anders zult gij nooit leeren lijden, noch dien waren vrede genieten eener ziel welke al hare driften beheerscht.

Hetzelfde zeg ik omtrent sommige gedachten en bekoringen, die u van tijd

tot tijd kwellen. Het is u niet voordeelig, daarvan geheel bevrijd te zijn, omdat
de moeijelijkheid, die zij u veroorzaken, u
aan het verdragen van grootere droefheid gewoon maakt.

Het is waar, dat een nieuw en weinig
gehard strijder bij die gelegenheid zeer
voorzigtig en oplettend moet zijn, en nu
eens aanvallender, dan verdedigender-
wijze te werk gaan, naarmate bij meer
of minder kracht en deugd in zich gevoelt; maar hij moet nimmer vlugten
en den strijd geheel opgeven: hij moet
niet alles vermijden wat hem droefheid
en verdriet kan veroorzaken. Want ofschoon hij zich dan wel buiten gevaar
stelt van ongeduldig te worden, zal hij
zich naderhand meer dan ooit daaraan
blootgesteld vinden.

Dit alles is niet toepasselijk op de zonde
der onzuiverheid, noch op de bekoringen
tegen het geloof, tegen welke men zich
beveiligt door de vlugt, zooals wij vroeger reeds hebben opgemerkt.

XXXVIII.

DE VREUGD DIE GIJ HEBBEN MOET IN DEN STRIJD OM DE DEUGD.

Het is niet genoeg, beminde lezer! de gelegenheid, die zich tot de beoëfening der deugd voordoet, niet te ontvlugten; neen, gij moet die zelfs zoeken; haat, zoodra zij zich aanbiedt met vreugde aangrijpen, hoe moeijelijk zij ook wezen moge. Met de hulp van God zal niets u zwaar zijn, als gij u van de volgende gedachten diep zult doordrongen hebben.

Vooreerst de gelegenheden zijn geschikte of liever de noodzakelijk gevorderde middelen om in de deugd vooruit te gaan. Iemand, die nooit wordt tegengesproken en alles naar wensch heeft, weet niet regt of hij geduldig is; evenmin kan hij, die nooit eenige ziekten gehad heeft, regt weten of hij geduldig en onderworpen zal wezen. Als men derhalve God om deugden bidt, moet men ook de middelen vragen, welke Hij gebruikt wil hebben om die deugden te verkrijgen. Anders zou het gebed ijdel zijn, men zou zich zelven tegenspreken en God beproeven, die niet gewoon is het geduld te geven zonder kwellingen, noch de nederigheid zonder vernederingen. Zoo is het ook met alle andere deugden, die de vruchten der tegenspoeden zijn welke God ons overzendt, en die wij naar gelang ze zwaarder zijn te meer moeten beminnen. Want de krachtige inspanning om dat lijden te verduren, draagt zeer veel bij om de gewoonten der deugden in ons te vormen.

Versterf voortdurend uw eigen wil, al is het slechts in het kleine: in een nieuwsgierigen opslag der oogen, of in een eenigzins te vrij woord of iets anders van dien aard! Zijn de overwinningen, die men bij groote gelegenheden op zich zelven behaalt, al roemrijker, die, welke men bij mindere voorvallen verkrijgt, zijn oneindig meer in getal.

De tweede waarheid, door u te beschouwen, is: dat al wat op deze wereld gebeurt van God komt, en 't zijn wil is, dat wij er ons voordeel mede doen. Het is waar, dat onze zonden of de zonden van anderen niet van God komen, die de ongeregtigheid haat en de eeuwige heiligheid zelve is; maar het is nogtans eenigermate te zeggen, dat zij van God zijn, in zoo verre Hij ze toelaat. Maar wat de kwellingen betreft, die ons door eigen schuld of door de boosheid onzer

vijanden geschieden, deze komen zeker-
lijk van Gods hand, schoon hij de oorzaak
veroordeelt waaruit ze ontstaan. God
wil, dat wij die geduldig verdragen, wijl
zij middelen zijn ter onzer heiliging, en om
andere billijke oorzaken, Hem alleen bekend. Wees dan ten volle overtuigd,
dat gij om Gods h. wil volmaakt te volbrengen, allen tegenspoed en lijden vrijwillig en tevreden moet verdragen, hetzij
'de boosheid der menschen het u aandoet, of
gij het u zelven door uwe zonden hebt be-
rokkend! O hoe bedriegen zij zich die
ter dekking van hun ongeduld beweren,
dat God, die oneindig regtvaardig is, niet
kan willen wat uit een kwaad beginsel
voortkomt. Zij hebben niets anders voor,
dan zich van het lijden te ontslaan en
zich voor de wereld er over te regtvaardigen, dat zij de kruisen, die God
hun toezendt, weigeren en afwijzen. O
neen, beminde Christenen! alles overigens gelijk, ziet God ons veel liever de
onregtvaardige vervolgingen der menschen
dan eenig ander ongeval standvastig
verdragen; en dat wel om de volgende
·redenen.

De eerste is, wijl de hoogmoed veel
beter onderdrukt wordt door de slechte
behandeling onzer medemenschen dan

door vrijwillige versterving en kastijding. De tweede is, dat, als wij dit ongelijk met geduld verdragen, wij juist doen wat God van ons verlangt en tot zijne verheerlijking strekt, omdat wij onzen wil aan den zijnen gelijkvormig maken en uit een zoo kwaden grond als de zonde is, zulke schoone vruchten van deugd en heiligheid vergaderen.

Wanneer derhalve God ziet, dat gij u op het verkrijgen van ware deugd ernstig wilt toeleggen., dan zal Hij u door rampen en lijden beproeven. Wilt gij dus aan zijne liefde en aan zijne teedere bezorgdheid voor uw geestelijk welzijn beantwoorden, dan moet gij dankbaar den kelk, die Hij u toereikt, aannemen, en tot den laatsten druppel ledigen, diep overtuigd, dat, naarmate gij den kelk bitterder vindt, deze ook voor u te heilzamer zal wezen.

XXXIX.

DEZELFDE DEUGD MOET DIKWERF BEOEFEND WORDEN.

Het is beter, gedurende eenigen tijd ééne deugd dan vele te gelijk ter beoefening te nemen; en in deze ééne deugd moet gij u sterken zoo dikwerf de gelegenheid zich aanbiedt. Zie nu hoe gemakkelijk dit te doen is.. Het zal soms op denzelfden dag en misschien op hetzelfde uur gebeuren, dat gij streng berispt wordt om eene geringe zaak; dat men kwaad van u spreekt; dat men u eene gunst, een klein verzoek weigert; dat men u ten onregte verdenkt; dat men u een lastig of vernederend werk opdraagt; dat men u slecht toebereide spijzen voorzet; dat u eene ziekte overkomt; dat gij op eens met nog grooter rampen overladen wordt, zooals er in dit ellendige leven vele zijn; bij dergelijke treurige voorvallen kunt gij voorzeker vele verschillende deugden oefenen; maar om den gegeven regel te volgen, moet gij u de beoefening dier deugd verkiezen welke gij meent het meest te behoeven. Is deze b. v. het geduld, dan moet gij slechts denken om moedig en blij alle rampen te verdragen, die u kunnen overkomen. Is het de nederigheid, dan zult gij in al uwe moeijelijkheden u als den onwaardigsten der menschen aanzien, voor wien geene straffen ter schuld-voldoening te groot zijn. Is het de gehoorzaamheid, dan moet gij trachten u te onderwerpen aan den wil van een God, die met u naar verdiensten doet. Gij moet uit liefde tot Hem en omdat Hij het wil, niet alleen aan ouders en oversten u onderwerpen, maar aan allen die slechts eenige magt over u hebben. Is het de armoede, dan zult gij trachten tevreden te leven, ofschoon gij beroofd zijt van alle goederen en zoetheden dezes levens. Is het de liefde, dan zult gij zoovele akten van liefde tot God en tot den naaste verwekken als u mogelijk is, en bedenken, dat de naaste u gelegenheid geeft om uwe verdiensten te vermeerderen, zoo dikwerf hij uw geduld oefent, en dat God, die al dat leed en die droefheid u overzendt of toelaat, in alles uw geestelijk welzijn zoekt.

Wat ik hier zeg, hoe gij namelijk in verschillende omstandigheden eene deugd kunt toepassen die u het noodigst is, toont u ook, hoe gij er u bij eene bijzondere gelegenheid in kunt oefenen, zooals in eene ziekte of bij eenigen anderen last naar ziel of ligchaam.

XL.

DE TIJD DIEN MEN MOET BESTEDEN TER
VERKRIJGING EENER DEUGD, EN DE
TEEKENEN VAN VOORUITGANG.

Niet juist, noch in 't algemeen, beminde lezer! kan de tijd bepaald worden, dien wij ons in elke deugd te oefenen hebben; dit hangt van den staat en de gesteltenis af waarin wij ons bevinden, van den voortgang dien wij in het geestelijk leven maken, en van de leiding onzes geestelijken bestuurders. 't Is echter wel zeker, dat wij in weinige weken veel zullen vorderen, als wij er ons met alle zorg en ijver op toeleggen.

Een zeker blijk van aanmerkelijken voortgang is, als men in zijne godvruchtige oefeningen volhardt, ondanks den weerzin, de onrust, dorheid en berooving van alle geestelijke vertroosting die men er bij ondervindt. Een ander niet minder duidelijk bewijs is, wanneer de zinnelijkheid overwonnen en aan de rede onderworpen blijkt en de beoefening der deugden niet meer belet. Want naarmate de zinnelijkheid verzwakt, nemen de deugden toe, en wanneer men geen weêrstand in den zinnelijken mensch gewaar wordt, houde men zich verzekerd, dat men de gewoonte der deugd verkregen heeft; en hoe gemakkelijker ons de akten en oefeningen daarvan zijn, des te meer is die deugd gevestigd.

Denk echter niet, godvruchtige lezer! dat gij eén hoogen trap van heiligheid bereikt of uwe driften volkomen in bedwang hebt, omdat gij sedert lang en na veel strijden geen aanval meer ondervondt: weet dat hierin dikwijls bedrog van Satan en list van den kant der zich verbergende natuur gelegen is.

Men houdt door een heimelijken hoogmoed voor deugd wat eene wezenlijke ondeugd is. En beschouwt gij den staat van volmaaktheid waartoe God u roept, dan zult gij, wat pogingen gij ook hebt aangewend om daartoe te komen, u er nog zeer ver van verwijderd zien. Gij moet dan uwe gewone oefeningen voort-zetten, alsof gij nu eerst waart begonnen, zonder ooit in uwen eersten ijver te ver-tragen, en zeg voortdurend met David: *nunc coepi:* nu begin ik!

Ik vermaan u dan, mijn zoon! liever maar in de deugd vooruit te gaan dan naauwgezet uwe vordering te onderzoeken; want God alleen heeft de kennis der harten; aan eenigen ontdekt Hij dit geheim en voor anderen houdt Hij het verborgen, naarmate Hij hen in staat en gesteld ziet om zich daarover te vernederen of er ijdel door te worden. En daarom ontneemt die goede en wijze Vader aan de zwaksten de gelegenheid tot hun val, en aan anderen geeft Hij het middel om in de deugd toe te nemen. Al merkt derhalve eene ziel haren voortgang in de deugd niet, moet zij toch met hare godvruchtige oefeningen volhouden: want zij zal hare vorderingen kennen wanneer dit ten haren beste aan God behaagt.

XLI.

VERDIENSTEN VAN 'T GEDULD IN TEGEN-
SPOED EN LIJDEN.

Wanneer gij eenige ramp of druk, van welken aard ook, met geduld verdraagt, luister dan niet naar den bekoorder, noch naar de stem uwer eigenliefde, welke in uw hart een vurig verlangen opwekken, om van die droefheden bevrijd te worden; want uw ongeduld zoude u een dubbel nadeel berokkenen; het zou vooreerst, al verloort gij er terstond de gewoonte van lijdzaamheid niet door, u toch tot ongeduldigheid voorbereiden. En ten andere zou uw geduld onvolmaakt zijn en alleen beloond worden voor den tijd dat gij die deugd beoefend hebt; daar integendeel uw hemelsche Vader, indien gij niet om verligting gebeden, maar eene volkomene onderwerping aan zijn goddelijken wil getoond hadt, al had uw lijden slechts één uur of nog minder geduurd, u daarvoor, als voor een lang lijden, zou hebben beloond.

Neem, beminde lezer! voor algemeenen regel, niets te willen dan hetgeen God wil, tot Hem al uwe verlangens, als tot hun eenig doel, te rigten. Door dit middel zullen zij regtvaardig en heilig worden, en wat er ook plaats grijpe, gij blijft niet alleen rustig, maar ook volkomen tevreden. Want wijl er niets gebeurt zonder den goddelijken wil, en gij niets wilt dan wat God wil, zult gij alles hebben wat gij zult wenschen en alles op zijn tijd vervuld zien.

Dit is echter niet te verstaan van de zonden uws naasten noch van de uwe, welke God niet wil; maar het geldt de droetheden, rampspoeden, die of straffen uwer zonden of beproevingen zijn voor uwe deugd. Al was uw hart daardoor in de diepste droefheid gedompeld, en al geraakte uw leven in gevaar, wees niet bekommerd en gedenk, dat gij eene weldaad ontvangt, waarmede God gewoonlijk zijne beste vrienden begunstigt. Gij moogt en moet evenwel die middelen aanwenden, welke op zich zelven goed zijn en welke God verlangt dat gij in uwen nood en tegenspoed zult aanwenden, maar gij moet het daarom alleen doen, wijl God het wil, en niet om eenige inschikkelijkheid jegens u zelven, noch uit eene al te groote drift om u aan het lijden te ontheffen.

XLII.

ONTIJDIGE EN ONVOORZIGTIGE OEFENINGEN VAN GODSVRUCHT.

Wanneer de booze geest ziet, dat wij met vasten tred op den weg des hemels voortgaan, dat al onze begeerten voor God zijn, en hij ons door zijne gewone listen niet tot het kwaad kan brengen, verbergt hij zich onder de gedaante van een engel des lichts, drijft ons tot de volmaaktheid voort en doet ons die blindelings begeeren en zonder dat wij eenige acht slaan op onze zwakheid. Hij boezemt ons godvruchtige gedachten in, wijst ons op plaatsen uit de H. Schriftuur, stelt ons de voorbeelden der grootste Heiligen voor oogen, opdat een onbezonnen en ontijdige ijver ons vervoere en tot een zwaren val brenge.

Hij moedigt ons aan om ons ligchaam door geeseling, vasten, haren kleederen en andere verstervingen te tuchtigen. Hij wil ons door de gedachte, dat wij iets groots hebben gedaan, tot ijdelheid en hoovaardigheid verwekken (hetgeen dikwerf bij vrouwen het geval is); of ons, door te strenge boetplegingen, die boven onze krachten zijn, neêrgeslagen, onbekwaam maken tot elk goed werk; of hij wil ons langzamerhand een afkeer tegen onze geestelijke oefeningen inboezemen, en ons eindelijk, moede van het beoefenen der deugd, hartstogtelijker dan ooit de vermaken en genoegens der wereld doen najagen. Hoe menigeen, die stil en braaf in de wereld leefde, liet zich door onvoorzigtigen ijver vervoeren. Zij zonderden zich af en begonnen een streng leven te leiden; doch zij verlieten na korten tijd die overspannen godvruchtige oefeningen en gaven zich meer dan te voren aan de gevaren de wereld over.

Wie zal ze optellen die op deze wijze zijn verloren gegaan? De vermetelheid had hen zoozeer verblind, dat zij zich

onbezonnen door eene al te groote zucht
tot boetvaardigheid lieten wegslepen, en
in den strik vielen, dien zij zich zelven
hadden gespannen. Neen, zeker zou hun
dit niet overkomen zijn, waren zij nederig genoeg geweest om in te zien, wat het
meest voor hunne gesteltenis voegde, en
dat niet al wat anderen deden voor hen
ook paste.

Niet allen kunnen al de strengheden
der Heiligen beoefenen, maar wel kunnen allen de Heiligen in menig opzigt
en in menige deugd navolgen: zij kunnen vurige en krachtige begeerten in
hun hart opwekken, om in de schitte-
rende kroonen, welke de ware krijgsknechten van Jesus Christus in den geestelijken strijd behalen, eens te mogen
deelen; zij kunnen naar hun voorbeeld
de wereld en zich zelven gering achten,
de afzondering en het stilzwijgen beminnen, nederig en minzaam zijn jegens alle menschen, onregt geduldig lijden,
weldoen aan die hen kwalijk behandelen,
de geringste fouten zorgvuldig bestrijden,
en dit is, meer dan lijfkastijding, verdienstelijk voor God.

Het is zelfs goed, liever in den beginne
de uitwendige boetpleging te matigen,
om ze, als 't noodig zij, te kunnen ver-

meerderen; wil men dadelijk te veel, dan verflaauwt men ligt en loopt gevaar van niets meer te doen. Ik zeg u dit in de meening, dat gij niet in de groote dwaling van hen verkeert, die voor zeer godvruchtig doorgaan, maar, door hunne eigenliefde verleid, niets zoozeer ter harte nemen als hunne gezondheid. Dezulken vreezen zich ook door het geringste te zullen hinderen. Zij spreken altijd over hunne gezondheid; zij zijn in de keuze der spijzen uiterst kiesch en geven gewoonlijk aan wat hun smaak meest streelt de voorkeur boven hetgeen voor hen gezond en heilzaam is. En als men hen hoort, is het hun slechts om krachten te doen, ten einde God beter te kunnen dienen. Onder dit voorwendsel verbergen zij hunne zinnelijkheid; maar in den grond zoeken zij niets anders dan het middel om twee onverzoenlijke vijanden met elkander te vereenigen, den geest namelijk en het vleesch.

Echter moet men de verschillende ligchaamsgestellen, bij ieder niet even sterk, in acht nemen. Immers iedereen kan niet dezelfde strengheid beoefenen. Ik voeg er bij, dat er voorzigtigheid noodig is, om zich niet slechts in de uitwendige oefeningen, maar ook omtrent de inwendige te matigen; wij hebben reeds doen zien, hoe gij als bij trappen tot de verhevenste deugden kunt opklimmen.

XLIII.

HET LIGTVAARDIG OORDEEL OVER DEN NAASTE.

De goede gedachte, die wij over ons zelven koesteren, brengt eene andere niet minder nadeelige ondeugd voort, het ligtvaardig oordeel namelijk, waardoor wij kwaad van onze naasten denken en ook ánderen doen denken. Daar deze ondeugd uit onzen hoogmoed ontspruit, wordt zij ook door onzen hoogmoed gevoed, en hoe meer deze toeneemt, des te laatdunkender, voller van ons zelven en vatbaarder worden wij voor de begoochelingen des duivels. Want al ongemerkt voeden wij voor ons zelven meer achting, naarmate wij die minder voor anderen hebben, in den waan dat wij geheel vrij zijn van gebreken, waaraan wij anderen schuldig oordeelen.

De sluwe vijand onzer zaligheid, die spoedig deze schuldige gesteltenis in ons opmerkt, gebruikt al zijne listen, om ons gedurig de gebreken van anderen te doen gadeslaan en ze ons als grooter voor te stellen dan ze zijn.

•Het is ongeloofelijk, hoe hij ons voortdurend eenige ligte onvolmaaktheden, die wij in onze broeders hebben bespeurd, voor oogen houdt, als hij ons geene groote kan doen opmerken! Is, beminde lezer! de helsche vijand zoo listig en vlijtig om ons te schaden, wees gij niet minder waakzaam, om zijne strikken te ontdekken en te vermijden! Verwerp, zoodra hij u eenige ondeugd van den naaste voorhoudt, terstond die gedachte; gevoelt gij u geneigd tot een verkeerd oordeel, luister dan niet naar zijne boosaardige ingeving! Bedenk dat gij tot dat oordeel geen regt hebt, en hadt gij het al, gij zoudt zeker niet regtvaardig oordeelen, omdat wij, door duizend blinde driften vooringenomen, geneigd zijn de daden en het leven van anderen te laken. Wilt gij, o Christen! een krachtig middel tegen zulk een gevaarlijk kwaad? Aanschouw dan uw eigen ellende, gij zult zoo veel gebreken in u zelven te verbeteren vinden, dat gij niet meer zult verlangen om anderen te beoordeelen. En ook, als gij u ijverig toelegt om uwe eigene gebreken gade te slaan, zult gij uwe ziel te ligter van die zekere kwaadwilligheid genezen, waaruit uwe ligtvaardige oordeelen ontstaan. Al wie zijn broeder vonnist als aan eenige ondeugd onderworpen, heeft dikwijls reden om te denken dat hij er zelf mede behebt is; want een ondeugend mensch denkt altijd dat anderen hem gelijken. Zijt gij soms op het punt van iemand te veroordeelen, berisp u en voeg u dit billijk verwijt toe: gij blinde en laatdunkende! hoe durft gij de handelwijze van uwen haaste gispen, gij, die dezelfde gebreken hebt en misschien nog grootere dan hij. Zoo keert gij uwe wapenen tegen u zelven, uwen broeder zult gij niet schaden en behartigt daarbij nog uw eigen belang.

Bestaat de fout, die wij veroordeelen, inderdaad, verschoon evenwel uit liefde hem nog die ze beging, en geloof dat uw broeder verborgen deugden heeft, die hij misschien niet had kunnen bewaren, zoo God dezen val niet had toegelaten; geloof dat een klein gebrek, door God eenigen tijd toegelaten, zeer veel den goeden dunk, dien hij van zich had, zal verminderen, en hij, van anderen veracht wordende, daardoor ootmoediger en aldus zijn voordeel grooter dan zijne schade zal wezen.

Is de zonde niet slechts openbaar, maar

ook zeer groot, blijft de zondaar verhard en onboetvaardig, verhef uwen geest
naar den hemel, overweeg de geheime oordeelen Gods, en wees indachtig, dat velen
na lange jaren van zonden nog groote
heiligen zijn geworden, en anderen daarentegen, opgeklommen naar 't scheen tot
eene hooge volmaaktheid, jammerlijk in
een afgrond van ongeregtigheden zijn
neêrgestort! Gij hebt dus wel niet minder voor u zelven dan voor anderen te
vreezen, overtuig u daarbij, dat een gun-
stig oordeel over uwen naaste van den
Heiligen Geest komt, maar dat die ligtvaardige oordeelen, die afkeerigheden
en minachting geen andere oorzaak hebben dan onze eigene boosheid en de inblazing van Satan. Hebt gij u reeds al
te nieuwsgierig bij de gebreken van anderen opgehouden, gun u geen rust, voordat die indrukken uit uw geheugen
zijn gewischt!

XLIV.

HET GEBED.

Het wantrouwen op ons zelven, het
betrouwen op God en het goed gebruik onzer krachten zijn dan noodzake-

lijke wapenen in den geestelijken strijd, zooals het u tot hiertoe getoond is; het gebed, dat we tot het laatst bewaarden, is het vierde wapen, nog noodzakelijker dan de overige, omdat wij hierdoor niet enkel deze genoemde deugden, maar in het algemeen al het goede, wat wij behoeven, van God verkrijgen. Om goed te bidden, hebt gij het volgende in acht te nemen.

1. Gij moet een levendig verlangen hebben, om God met ijver en zooals het Hem 't aangenaamst is te dienen; en ter opwekking van dat verlangen, moet gij deze punten overwegen: vooreerst, dat God oneindig waardig is van ons gediend en geëerd te worden, omdat Hij het opperste Wezen, onuitsprekelijk goed, schoon, magtig, wijs is en alle volmaaktheden bezit. Vervolgens dat Hij, mensch geworden, gedurende drie en dertig jaren onophoudelijk voor onze zaligheid heeft gearbeid; dat Hij de afzigtelijke wonden onzer zielen heeft willen genezen, niet door er wijn en olie in te gieten, maar door zijn eigen dierbaar bloed en door zijn heilig ligchaam, geheel door geeselslagen, doornen en nagelen voor ons verscheurd. Verder, dat het ons hoogste belang is, zijne wetten te onderhouden en

ons wel van onze pligten te kwijten: dit, toch is het eenige middel om meester van ons zelven, overwinnaars van den duivel en kinderen Gods te worden!

2. Gij moet een levendig geloof en een vast betrouwen hebben, dat God u de noodige hulp tot zijne dienst en ter bewerking uwer zaligheid niet zal weigeren. Eene ziel, van dat heilig vertrouwen vervuld, is als een heilig vat, waar de goddelijke barmhartigheid de schatten harer genade in uitstort. Hoe grooter dat vertrouwen is, des te overvloediger zijn ook de hemelsche zegeningen, welke het gebed over ons nedertrekt. Hoe toch zou een God, wien alles mogelijk is en die niemand bedriegt, ons zijne gaven kunnen weigeren, Hij die ons dringt die te verzoeken en zijn' H. Geest belooft, mits wij er met geloof en volharding om vragen.

3. Bid alleen met het doel om God te behagen en te doen wat Hij wil, en niet, wat gij wilt; zoodat gij u slechts daarom op het gebed toelegt, omdat God het gebiedt, en gij slechts in zooverre wenscht verhoord te worden, als het Hem zal behagen; met één woord, dat gij alleen beoogt uwen wil naar den zijnen te voegen en niet om zijnen wil naar den uwen te

schikken. Want de eigenliefde bederft en misleidt onzen wil en daarom weten wij meestal niet · wat wij vragen, doch de goddelijke wil kan onmogelijk dwalen. Verzoeken wij derhalve dát alleen aan God· wat Hem welgevallig is. Twijfelt gij of uw verlangen met zijn wil overeenstemt, vraag het niet anders dan met volkomene onderwerping aan de beschikkingen zijner voorzienigheid. Is het zeker aan God gevallig wat gij wenscht te verkrijgen, zooals genaden en deugden, vraag het om daardoor aan God te behagen en zijne goddelijke majesteit te dienen, liever dau om eenige andere reden, hoe geestelijk ook.

4. Wenschen wij onze gebeden verhoord te zien, dan moeten onze werken met· onze gebeden overeenkomen en wij zoo vóór als na het gebed alle krachten inspannen, om die verlangde genade waardig te worden... Want de oefening van het gebed dient altijd gepaard te gaan met de inwendige versterving: om eene deugd toch bidden en niets doen om haar te verkrijgen, is God beproeven.

5. Voor wij iets aan God vragen, moeten wij Hem zeer nederig danken voor al het goede dat Hij ons heeft willen doen. Wij kunnen Hem zeggen: o God,

die mij geschapen hebt. mij in uwe barmhartigheid hebt vrijgekocht, en mij zoo dikwijls aan de woede · mijner vijanden hebt onttrokken, kom mij te hulp; vergeet mijne vroegere ondankbaarheid, weiger mij de gunst niet die ik U vraag! Als wij dan, zelfs wanneer wij eenige bijzondere deugd willen verwerven, door de tegen haar strijdige ondeugd worden aangevallen, moeten wij niet nalaten God te danken voor de gelegenheid die Hij ons geeft om deze deugd te oefenen, want dat is geene geringe gunst.

6. Daar het gebed al zijne kracht en uitwerking ontleent aan de onbegrensde goedheid van God, aan de verdiensten van het leven en lijden van onzen Heer Jesus Christus en aan de door Hem gedane belofte van ons te zullen verhooren, zullen wij altijd het een of ander van wat hier volgt tot besluit bij elk onzer gebeden voegen: verleen mij, o God! door uwe goddelijke barmhartigheid deze genade; sta mij door de verdiensten van uwen Zoon toe wat ik U vraag; wees, o mijn God, uwe beloften gedachtig en verhoor mijne gebeden! Het is ook zeer goed, somtijds bij God de voorspraak der heilige Maagd en der andere Heiligen te gebruiken, want zij

vermogen veel in den hemel en worden van God geëerd naar gelang van de glorie, die zij Hem in hun leven hebben gebragt.

7. Men moet daarbij in deze oefening des gebeds volharden, want God kan aan eene nederige volharding in het gebed niet wederstaan. Kon het lastig aanhouden der weduwe van het evangelie een slechten regter bewegen, hoe zouden dan onze gebeden niet een oneindig goeden Vader treffen? Wanneer Hij ons verzoek niet dadelijk toestaat, of niet eens naar ons schijnt te luisteren, moeten wij evenwel het betrouwen op zijne oneindige goedheid niet verliezen, noch ophouden Hem te bidden; want Hij heeft in oneindigen overvloed al wat noodig is om ons goed te kunnen en te willen doen.

Indien er dan van onzen kant niets ontbreekt, zullen wij ongetwijfeld verkrijgen wat wij vragen, of iets beters en welligt beide.

Hoe meer wij overigens afgewezen schijnen, des te meer moeten wij ons zelven minachten; echter zóó dat wij bij 't beschouwen onzer ellenden altijd op de goddelijke barmhartigheid zien, en te meer op haar vertrouwen, bedenkende, dat, hoe standvastiger wij bij redenen tot mismoedigheid blijven, des te grooter onze verdiensten zullen wezen.

Dank God eindelijk ten allen tijde, erken zijne wijsheid, zijne goedheid, zijne liefde, hetzij Hij uwe gebeden weigert of u die toestaat; en wat er ook gebeure, blijf altijd kalm, tevreden en aan zijne voorzienigheid onderworpen!

XLV.

HET INWENDIG GEBED.

Het inwendig gebed is eena verheffing onzer harten tot God, waarin wij Hem door woorden of geheel zwijgend vragen wat wij noodig hebben.

Men vraagt door woorden, als men inwendig tot Hem spreekt: o God! geef mij die genade ter eere van uwen Heiligen naam; of wel: mijn God! ik geloof vastelijk dat Gij het wilt, en dat het tot uwe verheerlijking strekt, dat ik U deze genade verzoek. Volbreng heden in mij uwen goddelijken wil!

Bij eenige zware bekoring kunt gij zeggen: haast U, o Heer! mij te helpen, dat ik niet in de handen mijner vijanden valle; of: o God, mijne toevlugt en al mijne sterkte! help mij spoedig, dat ik niet bezwijke! Houd de bekoring aan, bid op dezelfde wijze voort en blijf den boozen geest moedig weêrstaan! Is het heetste van het gevecht voorbij, wend u tot God en vraag Hem, dat Hij bij de sterkte uwer vijanden uwe zwakheid gelieve aan te zien; en zeg: zie, o mijn God! uw schepsel, zie het werk uwer handen, zie, o Heer! dien mensch dien Gij met uw bloed hebt vrijgekocht; zie hoe de Satan zich inspant, om hem U te ontrukken en in 't verderf te storten. Tot U neem ik mijne toevlugt, in U stel ik al mijn betrouwen, want ik weet dat Gij oneindig goed en oneindig magtig zijt. Ontferm U over een blinde, die zonder den bijstand uwer genade zeker in de handen des vijands vallen zal! Sta mij dan bij, o mijne eênige hoop! en heel de sterkte mijner ziel!

Doch door die stille bede versta ik, dat men aan God zijne behoefte voorhoudt, zonder iets meer te zeggen. Wanneer gij dan in zijne tegenwoordigheid erkent, dat gij uit u zelven het kwaad niet kunt vermijden, noch het goede doen, en gij toch vurig verlangt Hem te dienen; als gij uw oog ten hemel of op het kruis houdt geslagen en zijnen bijstand met betrouwen en ootmoed afwacht: dan is deze bekentenis van uwe zwakheid, dit verlangen om God te dienen, deze oefening van geloof: dat stille bidden, 't welk ongetwijfeld al wat gij wenscht van den hemel verkrijgt, en dat te meer kracht heeft, naarmate die bekentenis oprégter, die begeerte vuriger en uw geloof te levendiger is.

Er bestaat een ander soortgelijk gebed, dat korter is en door een enkelen blik der ziel geschiedt, welke aan God hare behoefte blootlegt, en deze verzuchting is niets anders dan de herinnering aan eene genade, welke men reeds gevraagd had en nog eens vraagt, zonder iets te zeggen of zijne begeerte uit te drukken.

Trachten wij deze wijze van bidden te beoefenen, en leeren wij die bij alle voorvallen gebruiken; de ondervinding zal ons doen zien, hoe er niets gemakkelijker, niets voortreffelijker en nuttig is.

XLVI

DE MEDITATIE OF OVERWEGING.

Wilt gij meer tijd, een half uur of uur, aan het inwendig gebed besteden, voeg daarbij dikwerf tot stof uwer over-weging het leven en lijden van onzen Heer Jesus Christus, en pas op de deugd, die gij verlangt, al uwe bemerkingen over dat onderwerp toe!

Indien gij u b. v. tot het geduld wilt opwekken, neem dan, na u eerst in de goddelijke tegenwoordigheid gesteld, uw geloof en berouw opgewekt en de voorspraak van Maria ingeroepen te hebben, de geeseling onzes Heeren tot stof uwer overweging.

Denk ten eerste, hoe de soldaten bevel ontvingen om Hem naar die plaats te brengen, waar Hij gegeeseld moest worden, en Hem met groot geschreeuw en bitteren spot daarheen sleepten; 2e, hoe die wreede beulen Hem van zijne kleederen beroofden en zijn allerzuiverst ligchaam ontblootten; 3e hoe zijne onschuldige handen zoo vast aan de kolom werden gebonden; hoe 4e zijn geheel ligchaam verscheurd werd door de geeselslagen, zoodat het bloed op den grond vloeide; 5e, hoe de slagen, dikwerf op dezelfde plaats gevallen, de wonde daar vergrootten en vernieuwden.

Terwijl gij, beminde Christen! deze of andere punten zult overwegen, die geschikt zijn om u liefde tot het geduld in te boezemen, zoo wend al de krachten van uw geest aan, om zoo levendig mogelijk de onbesefbare pijnen te gevoelen, welke uw goddelijke Meester in alle deelen van zijn ligchaam en in ieder deel in het bijzonder heeft geleden! Van deze overgaande tot de smarten, welke Hij in zijne heilige ziel verduurde, tracht gij te begrijpen, met wat geduld en zachtmoedigheid Hij die verdroeg, altoos bereid nog nieuwe smarten voor de verheerlijking zijns Vaders en voor uwe zaligheid te lijden.

Beschouw Hem daarna geheel met bloed bedekt, en houd u overtuigd, dat Hem niets meer ter harte gaat, dan dat gij uwen druk geduldig verdraagt; ach, Hij bidt zelfs zijnen hemelschen Vader, dat Hij u niet slechts dit kruis, maar alle kruisen helpe dragen, die in het vervolg u konden overkomen. Bevestig door nieuwe akten het gemaakte voornemen om alles met vreugde te lijden; hierop uw hart ten hemel verheffende, dank den Vader der barmhartigheid wel duizendwerf, dat Hij zijnen eeniggeboren Zoon in de wereld heeft willen zenden, om dat lijden te ondergaan en aldus onze Middelaar te wezen! Bid Hem eindelijk dat Hij door de verdiensten van dien Zoon, dien Hij als zich zelven bemint, en door de voorspraak van de H. Maagd en alle Heiligen, u de schoone deugd van geduld verleene!

XLVII.

EENE ANDERE WIJZE OM LANGS DEN WEG DER OVERWEGING TE BIDDEN.

Gij kunt nog op eene andere wijze gebed en overweging vereenigen. Van de aandachtige overdenking namelijk, en van 's Heeren lijden en van de blijdschap waarmede Hij die smart verduurde, zult gij tot twee andere niet minder dringende beschouwingen overgaan.

De eene zal wezen over zijne oneindige verdiensten; de andere over de glorie, welke de hemelsche Vader van zijnen tot den kruisdood gehoorzamen Zoon ontving. Beide stelt gij aan zijne goddelijke majesteit als twee vermogende redenen voor, om van Hem de door u gewenschte genade te erlangen. Deze oefening kan zich niet slechts tot alle geheimen van 's Heeren lijden, maar ook tot al zijne in- en uitwendige akten uitstrekken.

XLVIII.

BIDDEN DOOR DE VOORSPRAAK DER ALLERHEILIGSTE MAAGD MARIA.

Nog eene andere wijze van overwegen is die, welke zich vooral tot de heilige Maagd wendt. Eerst verheft gij uw hart tot den hemelschen Vader, dan tot onzen Verlosser Jesus Christus en eindelijk tot de verheerlijkte Moedermaagd.

Ten opzigte van den hemelschen Vader hebt gij twee dingen te beschouwen; vooreerst de geheel bijzondere liefde die Hij van alle eeuwigheid voor deze allerzuiverste Maagd heeft gehad, zelfs voordat Hij haar uit het niet had getrokken. Ten andere de uitnemende heiligheid, welke Hij haar heeft medegedeeld en al het goed dat zij gedaan heeft, van het oogenblik af harer ontvangenis tot aan het laatste oogenblik van haar leven. Het eerste, die goddelijke liefde jegens Maria, moet gij aldus overdenken: verhef u in den geest boven alle schepselen en tot vóór alle tijden; dring tot in de diepte der eeuwigheid, tot voor den troon van God, en zie met welk een welgevallen Hij in de toekomst haar beschouwde, die Hij tot moeder, van zijnen Zoon bestemde; bid Hem om dat goddelijk welbehagen, dat Hij u krachten genoeg ter verwinning uwer vijanden geve, vooral tegen dien vijand, welke u dat oogenblik het hevigst bestrijdt!

Stel u daarna de heldhaftige deugden en daden dezer onvergelijkelijke Maagd voor oogen; draag die aan God op, of alle te zamen, of elk in 't bijzonder, en maak er u eene verdienste uit, al wat gij noodig kunt hebben van de goddelijke goedheid te verkrijgen!

Wend u daarna tot Jesus, uw goddelijk voorbeeld, en vraag Hem, die zoo beminnelijke Moeder te gedenken, die Hem negen maanden in haren schoot heeft gedragen; die Hem bij zijne geboorte aanbad, Hem als waarachtig God en waarachtig mensch, als haren Schepper en haren Zoon tevens erkende en beminde! Vraag Hem, die Moeder te gedenken, die Hem met mededoogen zoo armoedig in een stal zag nederliggen, Hem aan haar hart koesterde en voedde en zoo menigwerf teederlijk omhelsde, en die om Hem, gedurende zijn leven en bij zijnen dood, onnagaanbare smarten leed! Door dit alles zult gij dien goddelijken Zoon een heilig geweld aandoen, dat Hij uwe gebeden verhoore.

Eindelijk wendt gij u tot de heilige Maagd zelve. en zegt haar, dat zij van alle eeuwigheid door de Voorzienigheid was voorbeschikt, om de Moeder der barmhartigheid en de voorspraak der zondaren te zijn; dat gij daarom, na haren goddelijken Zoon, in haar het meeste betrouwen stelt. Herinner haar die waarheid, zoo standvastig door de Leeraars onderwezen, en door zoo vele buitengewone wonderwerken gestaafd, dat niemand haar ooit met betrouwen heeft aangeroepen en in zijn nood niet is verhoord! Stel haar eindelijk al die lasten voor, welke haar Zoon voor onze zaligheid heeft geleden, opdat zij van Hem de genade verwerve, dat het u tot zijne glorie voordeelig zij!

XLIX.

HET BETROUWEN OP DE ALLERHEILIGSTE MAAGD MARIA.

Wilt gij in al uwen nood met een vast vertrouwen tot de allerheiligste Maagd uwe toevlugt nemen, dan moet gij u hiertoe door de volgende gedachten opwekken.

1. Wij weten bij ondervinding, dat eene

vaas, waarin een kostbare balsem bewaard is, er lang den geur van bewaart; van het vuur ook behoudt men de warmte, al is men er reeds van verwijderd. Hoe groot dan zal de liefde en barmhartigheid .niet zijn van de H. Maagd, die negen maanden lang Gods eeniggeboren Zoon, de ongeschapen liefde van onbegrensde kracht, in haren gezegenden schoot heeft gedragen! Indien men een groot vuur niet nadert, zonder er door verwarmd te worden, hoe meent men, zal men tot Maria gaan, tot dat hart, altoos van liefde brandend, en er de uitwerking niet van gevoelen en niet altoos meer gevoelen, naarmate men haar meermalen en met meer vertrouwen en ootmoed nadert.

2. Nooit heeft een schepsel zooveel liefde voor Jesus Christus en zooveel onderwerping aan zijnen H. wil gehad als de allerzaligste Moedermaagd. Indien dan die goddelijke Verlosser, die zich voor ellendige zondaars als wij heeft opgeofferd; indien Jesus, zeg ik, zijne eigene Moeder heeft gegeven, om ons aller Moeder, om onze voorspreekster en tusschentreedster bij Hem te wezen, hoe zou zij dan in zijne gevoelens niet deelen, hoe nalaten ons te helpen! Vreezen wij dan niet

hare meêwarige liefde in te roepen, nemen wij met vertrouwen tot haar onze toevlugt in al onze noodwendigheden; zij wordt niet moede hare kinderen te hooren, en pleegt hare weldaden naar ons vertrouwen af te meten.

L.

BIDDEN DOOR DE VOORSPRAAK VAN DE H. ENGELEN EN VAN ALLE GELUKZALIGEN.

Door twee middelen, beminde lezer! kunt gij u de bescherming der H. Engelen en alle Heiligen in den hemel verwerven. Het eerste is, u bij 't begin van uw gebed tot den hemelschen Vader te wenden, en Hem de hulde, die geheel het hemelsche hof Hem brengt, aan te bieden te gelijk met den arbeid, de vervolgingen, de kwellingen, welke de Heiligen hier beneden voor zijne liefde hebben geleden; en dan smeekt gij om die bewijzen van hunnen eerbied, van hunne getrouwheid en liefde u te geven, wat u ter zaligheid noodig is.

Het tweede is: die verheerlijkte Heiligen aan te roepen, welke niet enkel verlangen dat wij volmaakt worden als zij, maar ook dat wij met hen in de heerlijkheid des hemels eens mogen deelen. Vraag dan dringend hunne hulp in 't bestrijden van uwe gebreken en van al de vijanden uwer zaligheid; maar vraag vooral hunnen bijstand voor het uur van uwen dood! Somwijlen zult gij de buitengewone genaden bewonderen, die zij van God ontvingen, en er u over verblijden, alsof het aan u ware geschied.

Doch om deze oefening met minder moeite en meer orde te verrigten, kunt gij de dagen der week volgens de verschillende rangen der gelukzaligen op deze wijze indeelen. Des zondags, zult gij de negen koren der Engelen aanroepen; 's maandags, den H. Joannes den Dooper; dingsdag, de H. H. Aartsvaders en Profeten; woensdag, de heilige Apostelen; donderdag, de H. Martelaren; vrijdag, de H. Bisschoppen en andere H. Belijders; des zaturdags, de H. Maagden en andere Heiligen. Vergeet echter nooit, ook elken dag de voorspraak der allerheiligste Maagd, die de koningin aller Heiligen is, in te roepen, als ook van uwen goeden Engelbewaarder, van den glorievollen Aartsengel Michaël, en van de andere Heiligen, tot wie gij eene bijzondere godsvrucht hebt!

Laat geen dag voorbijgaan zonder aan Maria te verzoeken, dat zij Jesus, haren Zoon, en den hemelschen Vader bidde, u tot een bijzonderen beschermer den H. Jozef te willen geven, dien zoo waardigen Bruidegom van de zuiverste der maagden; roep dan dien Heilige met betrouwen aan, en smeek hem nederig, u onder zijne hoede te willen nemen!

Men verhaalt veelvuldige wonderen, door den H. Jozef uitgewerkt, en vele uitstekende gunsten, door dien Heilige aan hen bewezen, die zoo in geestelijke als tijdelijke behoeften hem hebben aangeroepen; vooral zijn vele vrome zielen hem dankbaar voor de op zijne voorspraak verkregen genade van goed te kunnen bidden.

Zoo God de andere Heiligen eert, omdat zij Hem in deze wereld gediend en verheerlijkt hebben, hoe vermogend zal bij Hem de voorbede van den H. Jozef dan zijn, dien Hij zelf op aarde dermate eerde, dat Hij zich aan hem onderwierp en als zijnen vader gehoorzaamde!

LI.

DE OVERDENKING VAN HET LIJDEN ONZES HEEREN JESUS CHRISTUS.

Hetgeen vroeger omtrent het bidden en overwegen van 's Heeren lijden gezegd is, ging niet verder, dan Hem daarbij eenige genade te vragen: nu gaan wij zien, hoe wij er ook nog verschillende teedere gevoelens' van godsvrucht uit kunnen trekken.

Kiest gij b. v. de kruisiging van den Heer tot stof uwer overweging, dan kunt gij toeven bij de volgende omstandigheden van dit geheim.

1. Beschouw, hoe Jesus, op den Calvarieberg aangekomen, door de beulen met verwoedheid van zijne kleederen wordt beroofd en hoe daarbij zijn heilig ligchaam, dat, verscheurd door de geeselslagen, aan zijn gewaad vastkleefde, wordt opengereten!

2. Zie hoe men Hem de doornenkroon van 't hoofd neemt en later weder opzet en Hem nieuwe wonden toebrengt!

3. Gedenk de hamerslagen en de ruwe nagelen, waarmede men uwen Jesus wreedaardig aan het kruishout hecht!

4. Aanschouw zijne gezegende handen: zij kunnen de plaats der nagelen niet bereiken; ach, wat wordt het ligchaam uit zijne leden gerukt, zoodat men gemakkelijk de beenderen kan tellen [1])!

5. Wend uwe oogen omhoog, daar hangt Jesus aan het kruis en het ligchaam steunt alleen op de nagelen, de zwaarte van zijn ligchaam vergroot de opene wonden en veroorzaakt Hem de felste pijnen!

Wilt gij nu bij de beschouwing dezer punten bewegingen van goddelijk liefdegevoel in uw hart opwekken, verdiep u zooveel mogelijk in de oneindige goedheid van uwen Verlosser, die uit liefde tot u onnagaanbare smarten heeft willen verduren! Want naarmate gij zijne liefde tot u leert kennen, zal ook uwe liefde tot Hem te grooter wezen.

Deze overtuiging van 's Heeren oneindige liefde en goedheid tot u zal in u een hartelijk berouw opwekken, dat gij zoo dikwijls en zoo zwaar Hem hebt beleedigd, die zich zelven ter voldoening van uwe zonden heeft ten offer gegeven.

Gij zult daarna tot de akten van hoop komen, als gij beschouwt, hoe die groote God op het kruis geen ander doel had,

1) Ps. XXI, 18.

dan de zonde der wereld weg te nemen,
u van satans wreede heerschappij te verlossen, uwe misdaden uit te wisschen,
u met zijnen eeuwigen Vader te verzoenen,
en u in al uwe behoeften tot Hem uwe
toevlugt te doen nemen.

Na de overdenking van dat bitter lijden
moet gij er ook de blijde uitwerkselen
van beschouwen, hoe Jesus door zijnen
dood de zonden der menschen heeft uitgewischt; de gramschap van den oppersten
Regter bevredigd, de magten der hel
beschaamd, over den dood gezegevierd
en in den hemel de plaatsen der weder-
spannige Engelen heeft aangevuld; dan
zal uwe droefheid van vreugde verzeld gaan en dit gevoel zal vermeerderen
door de herinnering aan de vreugde,
welke de verlossing der wereld aan de
drie goddelijke Personen, aan de allerzaligste Maagd Maria, aan de strijdende en
aan de verheerlijkte Kerk veroorzaakt.

Wilt gij een levendigen haat tegen de
zonde opvatten, stel u in uwe overweging enkel ten doel u te overtuigen, dat
zoo Jesus Christus zooveel heeft geleden,
dit alleen was om u een heilzamen haat
tegen u zelven en tegen uwe ongeregelde
driften in te boezemen, tegen die drift
vooral, welke u grootere fouten doet be-

gaan en derhalve aan God het meest mishaagt!

Om tot een gevoel van heilige verwondering te geraken, hebt gij slechts te beschouwen, dat er niets meer treft en verbaast, dan den Schepper van 't heelal, den oorsprong des levens, te zien sterven door de handen zijner schepselen; de opperste majesteit als vernietigd, de regtvaardigheid veroordeeld, de schoonheid bespuwd en bespot te zien, het voorwerp van de liefde des hemelschen Vaders hier het voorwerp van den haat der zondaren geworden; het ongenaakbaar licht aan de woede van de magten der duisternis overgegeven, de ongeschapene heerlijkheid en gelukzaligheid als begraven in smaad en ellende.

Wilt gij u tot medegevoel voor 's Heeren smarten stemmen, roep u bij zijne uitwendige ook zijne inwendige smarten voor den geest, die onvergelijkelijk grooter waren! Zijt gij bij de eersten verteederd, hoe zou bij 't gedenken der laatsten uw hart niet van droefheid worden doorboord!

De ziel van Jesus zag Gods wezen zoo klaar als zij Hem nu in den hemel aanschouwt; zij wist, hoe Hij alle eer en glorie verdient, en daar zij Hem oneindig beminde, wenschte zij ook dat Hem alle schepselen uit al hunne krachten zouden beminnen.

En Hem nu in de wereld door tallooze en afschuwelijke misdaden onteerd ziende, voelde zij eene smart hierover, niet minder groot dan hare liefde, en haar innigst verlangen was, dat de goddelijke majesteit door alle menschen mogt geëerd en gediend worden.

Deze liefde en dit verlangen gaan alle verbeelding oneindig te boven, en geen mensch derhalve kan 't beseffen, hoe groot het inwendig lijden van den gekruisten Jesus was. En wijl ook onze goddelijke Zaligmaker alle menschen onuitsprekelijk bemint, maakte juist deze teedere en vurige liefde Hem de zonden zoo smartelijk, daar deze den mensch eeuwig van Hem scheiden zouden. Hij zag, dat niemand hunner eene doodzonde kon bedrijven, zonder de liefde en de genade, dien geestelijken band, waarmede de regtvaardigen met Hem vereenigd zijn, moedwillig te verbreken.

Ach! die scheiding was voor de ziel van Jesus Cristus veel smartelijker dan voor het ligchaam de scheuring is, wanneer de ledematen van hunne plaats worden gerukt; en dit moet niemand verwonderen; want daar de ziel geheel geestelijk is, en van eene veel volmaakter natuur dan het ligchaam, is zij ook vatbaarder voor veel dieper smart.

En hoe groot zal de droefheid van Jesus over hen zijn geweest, die door geene boetvaardigheid tot Hem wederkeeren en eeuwig van Hem gescheiden zouden blijven!

Voelt gij, hoe op het zien van zooveel lijden uw hart voor Jesus verteedert, ga nog in die overweging voort, en gij zult bevinden, dat Hij bovenmate geleden heeft, niet om de zonden alleen, door u inderdaad bedreven, maar ook om die, welke gij niet begingt, zoo namelijk, dat Hij door zijn bloed u van de eersten heeft gereinigd en voor de anderen bewaard. Neen, waarlijk het zal u nooit aan redenen ontbreken, om u tot meêgevoel voor Jesus' smarten op te wekken; want geen pijn was er ooit of zal er immer zijn, die Hij niet heeft gevoeld: onregt, hoon, beproeving, ziekten, verlies van goederen, vrijwillige en strenge boetvaardigheden, Hij heeft het levendiger gevoeld dan zij die het werkelijk verduren; zoo kende en deelde zijne liefde ook het minste lijden der zijnen.

Maar wie zal zeggen, hoezeer de smar-

ten zijner heilige Moeder Hem doorgrief-
den? Zijn wreedste en smadelijkste lijden
verduurde zij met Hem en met hetzelfde
doel en om dezelfde beweegredenen; en
was haar lijden wel niet aan het zijne
gelijk, het was toch bovenmate groot,
en de smarten der Moeder verdubbelden
de smarten van den Zoon.

Maar wat, eindelijk, is de oorzaak van
zoovele folteringen? Onze zonden, en
daarom kunnen wij onze deernis en
dankbaarheid jegens Hem, die zooveel
voor ons uitstond, niet toonen dan door
een opregt berouw over onze ongeregtigheden en overtredingen; wij zullen
ze dan haten uit liefde tot Hem, en
heldhaftig onze booze neigingen als zijne
grootste vijanden bestrijden, opdat wij,
den ouden mensch uittrekkende en den
nieuwen aandoende, onze zielen met
christelijke deugden versieren, die er al
de schoonheid van uitmaken.

LII.

DE VRUCHTEN UIT DE OVERWEGING VAN HET H. KRUIS.

Groote voordeelen kunt gij uit deze
overdenking trekken. Vooreerst, dat gij

niet slechts uwe vorige zonden verfoeit, maar ook het welgemeende voornemen opvat om uwe ongeregelde hartstogten te bestrijden, die oorzaak waren van den dood uws Heeren en nog in u niet zijn uitgedoofd.

Het tweede voordeel is, dat gij van den gekruisten Jesus de vergiffenis· uwer zonden en de genade van een heilzamen haat tegen u zelven verwerft, opdat gij Hem niet meer beleedigen, maar voortaan uit dankbaarheid voor zoovele pijnen, om uwentwille uitgestaan, Hem uit geheel uw hart beminnen moogt.

Ten derde zult gij met allen ernst en standvastigheid uwe kwade gewoonten pogen uit te roeijen, hoe gering ze u ook toeschijnen.

De vierde vrucht zij, dat gij alle moeite aanwendt om de deugden van dezen goddelijken Meester na te volgen, die gestorven is niet slechts om uwe zonden uit te wisschen, maar ook om u het voorbeeld van een heilig en volmaakt leven te geven.

Ziehier eene daartoe zeer nuttige wijze van overwegen. Gij verlangt b. v. in uwe rampen het geduld uws Zaligmakers na te volgen; overdenk in dit geval aandachtig de volgende punten:

1. Wat de ziel van Jesus aan het kruis voor God doet.

2. Wat God voor de ziel van Jesus doet.

3. Wat de ziel van Jesus voor zich zelve en voor haar ligchaam doet.

4. Wat Jesus voor ons doet.

5. Wat wij voor Jesus moeten doen.

1. Bedenk, vóór alles, hoe de ziel van Jesus, geheel in Gods schoot verdiept, dat oneindig Wezen aanschouwt, waarvoor alle schepselen niets zijn; hoe zijne ziel dit Wezen in een staat ziet, waarin het, zonder iets van zijne grootheid en glorie te verliezen, zich zoo vernedert, dat het alle smaadheden van dien trouweloozen en ondankbaren mensch verdraagt; en hoe zij vervolgens die opperste majesteit aanbidt, duizendwerf dankt en zich geheel toewijdt aan hare dienst!

2. Zie van den anderen kant, wat God voor de ziel van Jesus doet! Beschouw hoe Hij wil, dat die eenige, welbeminde Zoon uit liefde tot ons gedooge, dat men Hem kaakslagen geve, het aangezigt bespuwe, godslasteringen tegen Hem uitspreke, Hem met geeselslagen verscheure, met doornen kroone, aan het kruis vasthechte! Denk hoe de hemelsche Vader zijnen Zoon om zulk een verheven doel met welbehagen in die smart en smaadheid ziet!

3. Stel u vervolgens de ziel van Jesus

voor, en merk het op, hoe zij, wetende, dat God behagen neemt in haar lijden, zich, uit liefde tot Hem wegens zijne onuitsprekelijke volmaaktheden en over-groote weldaden, in alles volvaardig en blijde aan zijnen wil overgeeft! Wie kan haar vurig verlangen naar smart en schande uitdrukken? Altijd zoekt zij meer te lijden, en niet vindende wat zij begeert, geeft zij zich zelve met haar onschuldig lig-chaam aan den moedwil der wreedste menschen prijs.

4. Sla dan uwe oogen op uw Jesus, die in 't hevigst zijner smarten zich tot u wendt en u zoo minnelijk zegt: Zie dan tot wat een jammerlijken·staat mij de ongeregeldheid van uwen wil heeft gebragt, die zich geen geweld aan deed om zich naar mijnen wil te voegen! Zie hoe overgroot mijne smarten zijn en met wat vreugde ik die lijd, om u geduld te leeren. Ik bid u, mijn kind, bij al mijne smarten, draag toch dat kruis en welk ander u worde opgelegd, met geduld! Geef uwe eer aan den laster, en uw lig-chaam prijs aan de vervolgers, die ik u ter beproeving gekozen heb, hoe laag en onmenschelijk zij ook zijn! O, wist gij welk een genoegen mij uwe onderwerping en uw geduld geven! Maar zoudt gij 't

niet weten als gij deze wonden ziet, die ik alleen daarom heb ontvangen, om u ten koste van mijn bloed de deugden te verwerven, waarmede ik uwe ziel wil versieren, die mij dierbaarder is dan mijn eigen leven? Zoo ik mij uit liefde tot u tot zulk een uiterste heb willen brengen, hoe zult gij dan, duur gekochte ziel! niet eene ligte smart willen verdragen, om de mijne een weinig te verzachten, die bovenmate groot is? Hoe zoudt gij niet beproeven, de wonden te heelen, door uw ongeduld mij toegebragt: smarten, voor mij veel grievender dan al de pijnen mijns ligchaams?

5º. Bedenk, o Christen! wie aldus tot u spreekt, het is Jesus Christus, de Koning der heerlijkheid, waarachtig God en waarachtig mensch. Beschouw de grootheid zijner martelingen en vernederingen, die zelfs voor de snoodste misdadigers nog te strenge straffen zouden wezen! Zie hoe Hij te midden van zoovele smarten niet standvastig slechts en onverstoorbaar, maar zelfs vol vreugde is, alsof de dag zijns lijdens voor Hem een dag van zegepraal was! Bedenk, dat even als enkele druppelen waters een magtig vuur nog heviger doen opvlammen, zoo ook de grootste folteringen, die zijner liefde ligt schijnen, zijne blijdschap verhoogen en de heete zucht naar nog geweldiger smart doen ontbranden!

Herinner u, overigens, hoe Jesus al wat Hij doet en verduurt niet uit dwang of belang, maar uit loutere liefde, zooals Hij zelf zegt, op zich heeft genomen, en opdat gij van Hem de beoefening van 't geduld zoudt leeren! Tracht dan wel te begrijpen · wat Hij van u vraagt, en zijne blijdschap te voelen als Hij u deze deugd ziet beoefenen; verlang ' dan vurig, het kruis waaronder gij zucht, en zelfs zwaarder kruis nog, niet met geduld slechts, maar met vreugde te dragen, om den gekruisten Jesus volmaakter na te volgen en u te aangenamer in zijne oogen te maken!

Stel u al die smarten en smaadheden voor oogen, en schaam u, getroffen door zooveel standvastigheid en moed, schaam u over uwe zwakheid; vergelijk zijne pijnen met de uwe, zijn geduld met uw ongeduld, hoe zult gij moeten blozen! Vrees niets zoozeer als dat gij voor uwen Zaligmaker niet zoudt willen lijden, en komt hiervan de eerste gedachte bij u op, verwerp ze dadelijk als eene inblazing van Satan!

Beminde Christen! beschouw uwen

Verlosser aan het kruis, als dat geestelijk boek waarop gij gedurig het oog moet hebben, om er de oefening der voortreffelijkste deugden uit te leeren! Hij is dat *boek des levens*, 'twelk niet het verstand slechts door woorden onderrigt, maar ook den wil vooral door levend voorbeeld ontvlamt. Vol is de wereld van boeken, maar kondt gij die alle doorlezen, gij zoudt er niet zooveel haat tegen de zonde, niet zooveel liefde tot de deugd uit leeren als uit het beschouwen van uwen gekruisten God.

Weet, beminde lezer! dat zij, die soms uren lang besteden in 't overwegen van 's Heeren lijden, er tranen bij storten en zijn geduld bewonderen, doch die tevens bij de geringste wederwaardigheid of ziekte zich terstond ongeduldig toonen, alsof zij nooit op het kruis hadden gedacht, weet dat de zoodanigen gelijk zijn aan die weinig geoefende soldaten, die in hunne tenten en ver van het gevecht wonderen doen met hunne woorden, doch op 't eerste gezigt van den vijand de wapenen wegwerpen en de vlugt nemen.

Wat is er inderdaad treuriger en ongelukkiger dan na de deugden onzes Zaligmakers overdacht, bewonderd en bemind te hebben, die dadelijk weder te vergeten en niet meer te achten als de gelegenheid zich opdoet om ze te beoefenen en na te volgen?

LIII.

HET H. SAKRAMENT DES ALTAARS.

Tot dusverre, beminde lezer! heb ik met u over vier soorten van geestelijke wapenen en dezer gebruik gesproken, nu zal ik u toonen, wat hulp gij tegen uwe vijanden in het H. Sakrament des Altaars vindt. Dit verheven Sakrament overtreft de andere middelen in waardigheid en kracht, en wordt van alle geestelijke wapenen door Satan het meest geducht.

De vier eerste wapenen ontleenen hunne kracht aan de verdiensten van Jesus Christus en aan de genade, door zijn kostbaar bloed ons verworven; doch in dit geheim geeft Jesus Christus zich zelven aan ons met vleesch en bloed, met ziel en ligchaam, met godheid en menschheid; en wij strijden dan, door Jesus zelven gesterkt, die in ons is; want: *wie mijn vleesch eet en mijn bloed drinkt, blijft in Mij en Ik in hem.*

Op tweederlei wijze nu kan men deel

hebben aan dit H. Sakrament: als men het werkelijk ontvangt, en dit geschiedt slechts eenmaal op een dag, en *geestelij- kerwijze*, zoo dikwerf gij het verlangt. Beiden, de werkelijke en geestelijke Communie, zijn voordeelig en heilig, en gij moet de laatste zoo dikwijls mogelijk verrigten en de eerste zoo menigwerf gij daartoe vergunning erlangt.

LIV.

HOE MEN HET ALLERHEILIGSTE SAKRAMENT DES ALTAARS MOET ONTVANGEN.

Om verschillende beweegredenen, geliefde Chiristenen, kunt gij te Communie gaan, doch wilt gij dit met de meeste vrucht doen, dan hebt gij op drie onderscheidene oogenblikken, namelijk *vóór*, *onder* en *na* de Communie op vele dingen te letten.

Vóór de Communie, moet gij, om wat reden gij ook tot haar nadert, u altijd zuiveren door het Sakrament der Biecht, als gij u eenige zware zonde schuldig kent. Vervolgens moet gij u van ganscher harte en zonder voorbehoud aan Jesus Christus opdragen en Hem geheel uwe ziel met al hare krachten toewijden, omdat

Hij in het H. Sakrament zich geheel aan u geeft: zijn bloed, zijn vleesch, zijne godheid met den oneindigen schat zijner verdiensten.

Daar al wat gij Hem kunt aanbieden van weinig waarde en bijna niets is, vergeleken bij hetgene· Hij ons geeft, moet gij vurig verlangen, alles te bezitten wat ooit alle schepselen te zamen in den hemel of op de aarde Hem hebben opgedragen.

Wilt gij de H. Communie doen met het doel om eenige overwinning op uwe en zijne vijanden te behalen, dan zult gij ·des avonds reeds, of zoodra mogelijk, overwegen, hoe de Zaligmaker door dit H. Sakrament in uw hart verlangt te komen, om u te helpen in het overwinnen uwer ongeregelde begeerlijkheden. Dit verlangen uws Heeren is zoo vurig, zoo innig, dat geen menschelijk verstand in staat is het te bevatten.

Prent, om u hiervan eenig denkbeeld te vormen, het volgende diep in uw hart!

1. Gedenk] het onuitsprekelijk welbehagen waarmede God in ons verblijven wil, wijl Hij zelf het in de heilige Schrift zijn *vermaak* noemt, *met de kinderen der menschen te zijn* [1]). Hij verlangt te wonen

1) Prov. VIII, 31.

in ons hart, en voegt ons in dezelfde H. Schrift toe: *mijn kind geef Mij uw hart* [1]!

2. Bedenk den oneindigen haat dien God der doodzonde toedraagt, omdat zij een beletsel is voor de innige vereeniging die Hij met ons verlangt, en zij geheel en al met zijne goddelijke volmaaktheden strijdt. Want daar God het hoogste goed is, een zuiver licht, eene vlekkelooze schoonheid, moet Hij noodzakelijk de zonde haten die boosheid, duisternis, afgrijzen en bederf is. De haat van God tegen de zonde is zoo groot, dat alles wat Hij ooit in het oude en in het nieuwe verbond gedaan, en alles wat zijn Zoon in heel zijn levensloop verduurd heeft, alleen diende om de zonde uit roeijen; ja, vele en geleerde Heiligen verzekeren, dat God dien Hem zoo dierbaren Zoon nog wel duizend dooden zou willen doen sterven, indien het ter uitwissching onzer zonden noodig ware.

Hebt gij, geliefde Christen! door deze overdenkingen eenigermate ingezien, hoezeer de Zaligmaker verlangt, uw hart binnen te gaan, om daar voor altijd uwe vijanden, die ook zijne vijanden zijn, te

1) Prov. XXIII, 26.

verdelgen: wek dan ook eene vurige begeerte in u op om Hem waardig te
ontvangen, en spreek met een heilig
ongeduld: kom, o Heer, mijn God! kom,
help uwen zwakken dienaar, kom, over-
win mijne en uwe vijanden! O Jesus,
mijne liefde! wanneer zal die dag aan-
breken, het oogenblik er zijn, dat ik mij
met U vereenige en, door U gesterkt, al
mijne vijanden, zienlijke en onzienlijke,
overwinnen moge?

De hoop op zijne komst zal uwen moed
verhoogen, gij zult op nieuw den oorlog
verklaren aan die heerschende drift, welke
gij wilt overwinnen, en zooveel mogelijk
akten verwekken van de tegen haar over-
staande deugd. Dit zal de voornaamste
oefening zijn op den avond en morgen
vóór de H. Communie.

Op het punt van het H. Sakrament te
ontvangen, stelt gij u eenige oogenblikken alle fouten voor oogen, sedert de
laatste Communie door u begaan; ach,
bedroef u dat gij ze even vrij begingt alsof
uw God niet voor uwe zaligheid op
een kruis gestorven was; vervul u met
schaamte en vrees, dat gij een kortston-
dig vermaak, eene geringe voldoening van
uw eigen wil gesteld hebt boven de gehoorzaamheid aan uwen Opperheer ver-

schuldigd: gij zult uwe groote verblindheid erkennen en uwe ondankbaarheid verfoeijen.

Bedenk vervolgens, dat, hoe ondankbaar en ontrouw gij waart, die liefdevolle God zich toch aan u wil geven; Hij noodigt u uit, Hem te ontvangen; ga met betrouwen tot Hem, open Hem uw hart, opdat Hij daar binnen kome en het in bezit neme; sluit het vervolgens voor alle onzuivere en zondige genegenheid!

Na de H. Communie zult gij in u zelven keeren, uwen God nederig aanbidden en met eerbied tot Hem zeggen: Gij ziet, o God, mijn eenig goed! de geneigdheid die ik heb tot de zonde; Gij ziet de heerschappij mijner hartstogten over mij, hoe ik uit mij zelven geen kracht heb om die te wederstaan; wil Gij dan voor mij strijden, en moet ik medestrijden, van U alleen hoop ik de overwinning.

Daarna wendt gij u tot den hemelschen Vader en offert Hem tot dankzegging voor zijne weldaden zijn eenigen geliefden Zoon op, dien Hij u gaf, en die met godheid en menschheid nu in uw hart rust.

Neem eindelijk het vaste besluit om moedig dien vijand te bestrijden, die u het meest doet zondigen, en verwacht met vertrouwen de zegepraal van God, die,

als gij van uwe zijde doet wat gij kunt,
u vroeg of laat de overwinning zal geven.

LV.

VOORBEREIDING TOT DE II. COMMUNIE EN HOE DE LIEFDE TOT GOD IN U OP TE WEKKEN.

Zal, waarde Christen! het H. Sakrament des Altaars gevoelens van liefde tot God in u opwekken, beschouw daartoe de liefde die God voor u heeft gehad, en gedenk die des avonds eu 's morgens vóór uwe Communie op deze wijze.

Overweeg aandachtig, dat die God, wiens majesteit en magt geene grenzen hebben, zich niet vergenoegde met u naar zijn beeld te scheppen, noch met zijnen eeniggeboren Zoon op aarde te zenden, om door een arbeid van drie en dertig jaren en door een even smartelijken als smadelijken dood uwe zonden uit te wisschen, maar Hem daarbij in het H. Sakrament heeft nagelaten, om daar uw voedsel en uwe toevlugt in al uwe behoeften te zijn!

Beschouw, mijne ziel! hoe groot in alle opzigten deze liefde is!

1. Wat den duur betreft, die liefde is eeuwig en heeft geen begin gehad; gelijk God

van alle'eeuwigheid is, zoo heeft Hij ook van alle eeuwigheid den mensch zoozeer bemind, dat Hij hem op zulk eene wondere wijze zijnen Zoon heeft willen geven.

Het is dan waar, dat een zoo nietig schepsel als ik ben door God zoo geacht en bemind werd, dat Hij voor alle eeuwen aan mij heeft willen denken en van toen af besloot, mij te voeden met het vleesch en bloed van zijnen eenigen Zoon!... O liefde o liefde, o eeuwige liefde!

2. Iedere andere liefde, hoe vurig zij moge wezen, heeft hare grenzen, die zij niet kan overschrijden: Gods liefde alleen is onbeperkt en zonder maat. En daar Hij ons deze liefde wilde toonen, zond Hij ons zijn beminden Zoon, die Hem in alles gelijk is, die de eigen zelfstandigheid en dezelfde volmaaktheden heeft als Hij. Die liefde is dus zoo groot als de gave, en de gave zoo groot als de liefde; beiden zijn oneindig en boven alle eindig begrip.

3. God bemint ons niet als daartoe gedwongen of met wederzin, maar uit loutere goedheid, die Hem van nature ons met zijne weldaden doet overladen.

4. Daarenboven geen enkel goed werk van onze zijde, geene verdiensten ver-

wierven ons zijne liefde; maar heeft Hij ons bovenmate bemind, zich geheel aan ons gegeven: wij hebben het enkel en alleen aan zijne liefde te danken.

5. Zijne liefde tot ons is geheel belang. loos; er is niets van het zelfzuchtige der aardsche vriendschap in. God behoeft onze goederen niet, wijl Hij, onafhankelijk van ons, in zich zelven alle geluk en glorie vindt. Wanneer Hij derhalve zijne zegeningen over ons uitstort, beoogt Hij niet zijn eigen belang, maar slechts het onze.

Wend u dan, van deze gedachte doordrongen, tot God en zeg: wie had het geloofd, o Heer! dat een God, oneindig groot als Gij, zijne genegenheid kon stellen op een laag en verachtelijk schepsel, gelijk ik ben? Wat verlangt Gij, o Koning der heerlijkheid? Wat kunt Gij van mij verwachten die niets anders ben dan stof en asch. Doch, o mijn God! ik zie het in de liefde die U verteert, Gij hebt slechts één doel: U namelijk aan mij te geven in dit H. Sakrament, opdat Gij in mij en ik in U zoude leven, en ik door deze zoo innige vereeniging een geheel aardsch hart, als het mijne is, verandere in een geheel geestelijk en goddelijk hart, gelijk het uwe.

In diepe bewondering en vol vreugde, dat God u zoo hoog schatte en zoo lief heeft, en overtuigd dat Hij niet anders zoekt dan uw hart te winnen, u aan zich te verbinden en u van de schepselen los te maken, zult gij u aan Hem ten offer opdragen, zoodat al uwe krachten, uw verstand, uw geheugen, uw wil, uwe zintuigen alles doen wat Hij gebiedt, alles laten wat Hij verbiedt, en dat alleen uit liefde tot Hem en om Hem te behagen.

Daarna overdenkende, dat buiten zijne genade niets in ons de vereischte gesteltenissen tot eene waardige Communie vermag op te wekken, ontsluit gij den Heer uw hart en poogt Hem tot u te trekken door de volgende of diergelijke korte en vurige verzuchtingen.

O mijn Heer en mijn God! barmhartige Jesus! wanneer zal ik het geluk hebben, U geheel toe te behooren en geheel door het vuur uwer goddelijke liefde verteerd te worden?

O ongeschapen liefde, o levend brood! wanneer zal ik geheel om U, door U en voor U leven? O hemelsch manna! o mijn leven, o gelukzalig en eeuwig leven! wanneer zal de tijd komen dat ik mij zelven vergeet, om alleen U te zoeken? O mijn opperste goed! Gij die al mijne vreugde zijt!

wanneer zal die gelukkige dag komen?...
Bevrijd, o mijn God! bevrijd dit hart van
de slavernij zijner driften en ondeugden;
versier het met uwe deugden, doof elke
andere begeerte er in uit, behalve die
om U te beminnen en U te behagen!
Ach! uw wil, o Heer! ik bid het U, uw
wil geschiede, niet de mijne; o mijn
eenig goed! néén, niets zal mij weêrhouden om te volbrengen wat Gij verlangt.

Deze zachte en vurige gevoelens moet
gij 's avonds en 's morgens opwekken,
om u tot de H. Tafel te bereiden: want
weet, dat ééne waardig ontvangen Communie u volmaakt, u tot een Heilige
kan maken.

Wanneer het uur der Communie nadert,
overweeg dan wie Hij is dien gij ontvangen gaat, en wie gij zijt!

Hij is de zoon van den levenden God,
wiens majesteit de hemelen en zelfs de
krachten der hel doet beven; Hij is de
Heilige der Heiligen, de ongeschapen
zuiverheid, bij wie vergeleken, alle schepselen onrein zijn; Hij is die vernederde
God, die, hoewel Heer over leven en dood,
zich echter, om ons te verlossen, aan een
worm der aarde heeft willen gelijk maken,
ten spot zijn van het gepeupel, verworpen, vertreden, beschimpt, met spuwsel

overdekt, aan een kruis is willen geslagen worden in den schandelijksten smaad.
Hem zult gij ontvangen, uwen allerbe-
minnelijksten Verlosser, maar Hem tevens,
die een onmetelijk, almagtig God en be-
schikker is over leven en dood.

En wie zijt gij? Een nietig schepsel,
een handvol stofs, ach, een zondaar, een
ondankbare zondaar, die eene eeuwige
schande en des duivels slavernij heeft ver-
diend; die oneindige weldaden van zijnen
Zaligmaker versmaadt en zelfs den prijs
zijner verlossing, het voor hem vergoten
bloed met voeten heeft getreden.

En boven die zoo groote ondankbaarheid gaat nog zijne eeuwige, onveranderlijke liefde tot u; Hij noodigt u nog
aan zijn feestmaal, en wel verre van u
uit te sluiten, bedreigt Hij u met zijne
verontwaardiging en met den dood, indien
gij er niet verschijnt.

Deze zoo barmhartige God is altijd
gereed u toe te laten, en hoezeer gij voor
zijne oogen als met melaatschheid overdekt, blind, vol gebreken en, wat erger is,
vol ondeugden en zonden schijnt, heeft Hij
nog geen afkeer van u, ontvlugt Hij u niet
en vordert slechts zoo weinig van u.

Zie, mijn zoon! zie eens wat Hij u
vraagt, hoe weinig Hij verlangt:

1. Dat gij een opregt berouw gevoelt van Hem zoo onwaardig te heben beleedigd.

2. Dat gij boven alles de zonden haat, de doodzonde en zelfs de dagelijksche.

3. Dat gij altoos bereid zijt, zijn wil te volbrengen, en het bij voorkomende gelegenheid waardig en vurig doet.

4. Dat gij Hem bemint en vast vertrouwt, dat Hij u uwe schulden zal vergeven, u van alle vlekken zuiveren en verdedigen zal tegen al uwe vijanden.

Aldus opgewekt door de herinnering zijner liefde jegens den boetvaardigen zondaar, nadert gij tot de H. Tafel met een diepen eerbied, gepaard met hoop en liefde: ik ben niet waardig, o Heer! — zult gij zeggen — U te ontvangen, omdat ik zoo dikwijls en zoo zwaar U beleedigd en de aan uwe regtvaardigheid verschuldigde voldoening U niet gegeven heb; neen, mijn God! ik ben niet waardig U te ontvangen, wijl ik nog aan de schepselen gehecht blijf en nog niet begonnen ben, U uit al mijne krachten te beminnen en te dienen. Ach, Heer! vergeet uwe goedheid niet, wees uwe belofte indachtig; maak mij waardig, U met geloof en liefde te ontvangen!

Na de Commnnie keert gij geheel in u zelven en spreekt gij uwen Zaligmaker met de volgende of soortelijke verzuchtingen toe: o Opperheer der wereld! wat heeft u kunnen bewegen, in mij te komen die een arm, ellendig, blind en van alles ontbloot schepsel ben? En Jesus zal u terstond antwoorden: de liefde! — Gij zult weder zeggen: o ongeschapen Liefde! wat vraagt Gij van mij? — Niets anders, zal Hij spreken, dan uwe wederliefde. Ik wil geen ander vuur in uw hart dan het vuur der liefde. Dit heilig vuur, dat al uwe hartstogten zuivert, zal uwen wil ontsteken en er Mij een offer van aangenamen geur van maken. Ik wil geheel de uwe zijn, . maar gij moet ook geheel, de mijne wezen; dit kan niet geschieden, indien gij, in plaats van u naar mijnen wil te voegen, altijd uw eigen wil volgt en u aan de wereld en hare ijdelheden hecht; Ik verlang van u, dat gij u zelven haat, om Mij te kunnen beminnen, dat gij Mij uw hart geeft, om het te vereenigen met het mijne, dat voor u op het kruis geopend is; Ik wil u geheel en al, gelijk ik Mij geheel en al aan u geef; wees de mijne en zoek, denk, hoor of zie niets anders dan Mij alleen, opdat Ik het eenig voorwerp uwer gedachten en begeerten zij en gij slechts in en door Mij handelt; dat uw *niet* zich in den afgrond mijner oneindigheid verlieze, en gij aldus uw geluk moogt vinden in Mij, en Ik mijne rust in u.

Eindelijk zult gij aan den hemelschen Vader zijnen welbeminden Zoon opdragen, om Hem voor de gunst te danken, die Hij aan u geschonken heeft; om hulp te verkrijgen zoo voor u zelven als voor de geheele H. Kerk, voor uwe ouders en voor hen aan wie gij eenige verpligting hebt, ook voor de zielen in het vagevuur, en gij zult dit offer vereenigen met het offer van 't kruis, dat de Zaligmaker, geheel met wonden en bloed bedekt, aan zijnen hemelschen Vader voor de verlossing der wereld heeft opgedragen.

Gij zoudt Hem ook nog met diezelfde meening alle heilige Missen kunnen aanbieden, welke dienzelfder dag door heel de Christenwereld worden opgeofferd.

LVI.

DE GEESTELIJKE COMMUNIF.

Ofschoon gij, waarde lezer! niet meer dan ééns elken dag het H. Sakrament des Altaars moogt ontvangen, kunt gij evenwel meermalen op eene geestelijke wijze commnniceren, en gij hebt het enkel aan uwe achteloosheid te wijten, als gij u van dat voordeel berooft.

Wilt gij u tot de geestelijke Communie bereiden, wend dan uwe oogen naar het kruis en betuig een opregt leedwezen over de menigte uwer overtredingen; bid den Heer met een diepen eerbied en een levendig geloof, dat Hij in uwe ziel gelieve te komen, nieuwe genadegaven in haar uitstorte, om haar van hare zwakheid te genezen en tegen het geweld harer vijanden te versterken!

Zoo dikwijls gij eene uwer driften kunt versterven of eenige deugd oefenen, gebruik dan die gelegenheid om uw hart voor Jesus te bereiden, die het onophoudelijk van U vraagt; daarop u tot Hem wendende, bid Hem vurig, tot u te komen, als geneesheer u te genezen en als een beschermer u to verdedigen, opdat Hij voortaan uw hart geheel en al moge bezitten!

Denk te gelijker tijd aan uwe laatste H. Communie en spreek, geheel ontvlamd van liefde jegens uwen Zaligmaker: wanneer, o mijn God! zal ik U weder mogen ontvangen? Wanneer zal die gelukkige dag komen?

Wenscht gij u nog beter tot uwe geestelijke Communie te bereiden, begin dan reeds den avond te voren; bewaar de ingetogenheid, en bij elke versterving of oefening van eenige deugd stelt gij u ten doel, te beter daardoor die geestelijke Communie te mogen doen. Gedenk, 's morgens bij het opstaan, wat een groot voordeel eene waardige Communie aan de ziel geeft: zij herkrijgt de verloren deugden; zij komt tot hare eerste zuiverheid terug; zij maakt zich de vruchten van het kruis meer en meer waardig; zij verrigt eene den hemelschen Vader zeer aangename daad; immers Hij verlangt dat allen dit goddelijke Sakrament genieten.

Wek hierbij in uw hart eene vurige begeerte op om Hem te ontvangen, ten einde daardoor aan Hem te behagen die zich aan u wil geven, en spreek Hem in die gesteltenis aldus toe: Heer! daar ik U heden niet met der daad mag ontvangen, geef dan dat ik, door uwe goedheid en almagt van al mijne smetten gezuiverd en van mijne wonden genezen, U ten minste in den geest moge ontvangen, nu en dagelijks en elk uur van den dag; dat ik, door altoos nieuwe genade versterkt, mijne vijanden moedig

wedersta, dien vijand vooral, welken ik
thans uit liefde tot U bijzonder bestrijd!

LVII.

DE DANKBAARHEID JEGENS GOD.

Alle goed, beminde Christen! dat wij
bezitten of dat wij doen, behoort aan
God of komt van God, en 't is daarom
billijk, dat wij Hem onophoudelijk dank
zeggen voor alle goede werken die wij
doen, voor alle overwinningen die wij
op ons zelven behalen, voor alle, zoo algemeene als bijzondere weldaden die wij
van zijne hand ontvangen.

Gedenk, ter behoorlijke vervulling van
dezen pligt, bovenal, waarom God zoo
milddadig zijne zegeningen over ons uitstort, 't zal u leeren, welk eene dankbaarheid Hij van u verlangt.

Het hoofddoel in al zijne weldaden is:
zijne glorie te openbaren en ons aan zijne
dienst te verbinden, en daarom zij uwe
eerste bemerking: o wat is deze weldaad
van mijn God een schitterend blijk zijner
oneindige almagt, wijsheid en goedheid!

Ziet gij nu, dat gij niets uit u zelven
hebt wat zulk eene weldaad verdient, en
dat integendeel de ondankbaarheid u haar

geheel onwaardig maakt, dan zult gij met diepen ootmoed zeggen: hoe gewaardigt Gij U, o mijn God! op 't geringste uwer schepselen neder te zien? Door welk eene overmaat van goedheid kunt Gij zulk een ellendigen zondaar met uwe genade overladen? Dat uw heilige naam gezegend zij in alle eeuwen der eeuwen!

Ziet gij eindelijk, dat God voor zoovele gunsten niets anders vraagt, dan dat wij onzen weldoener beminnen en dienen, dan zal uw hart tot liefde voor een zoo goeden en liefderijken Vader ontstoken worden, en gij zult verlangen in alles zijn goddelijken wil te volbrengen; ja, gij zult u geheel aan Hem willen opofferen op die wijze, als wij dit in 't volgende hoofdstuk zullen zien.

LVIII.

DE OPOFFERING VAN ZICH ZELVEN.

Zal de offerande van u zelven, beminde Christen! den Heer aangenaam zijn, neem dan deze twee dingen in acht. Gij moet vooreerst dat offer vereenigen met al de offers die Gods zoon hier op aarde heeft opgedragen, en ten tweede uw hart van alle schepselen hebben losgemaakt.

Merk, wat het eerste betreft, op, dat onze Zaligmaker, zoo lang Hij op deze wereld leefde, onophoudelijk niet alleen zich zelven en al zijne werken, maar ook nog alle menschen en al hunne goede werken aan zijn hemelschen Vader opdroeg, opdat door die vereeniging zijne werken de onze zouden heiligen.

Gij moet, wat het tweede aangaat, ernstig zorgen, dat gij, alvorens deze offerande van u zelven te doen, los zijt van alle gehechtheid aan eenig schepsel. Is uw hart niet vrij van alle onreine genegenheid, neem dan uwe toevlugt tot God; bid Hem uwe banden te verbreken, opdat niets u verhindere Hem geheel en al toe te behooren!

Dit punt is gewigtig; want denkt gij, nog slaaf der schepselen zijnde, u aan God op te dragen, dan wilt gij Hem iets schenken, 'dat gij reeds aan een ander hebt gegeven en waarover gij geen meester meer zijt; en is dit niet met God spotten?

Vandaar komt het, dat, hoezeer wij ons menigwerf op die wijze aan God opofferden, wij dit met weinig of geen vrucht deden niet alleen, maar nog in nieuwe onvolmaaktheden en grootere zonden vervielen.

Wel is waar, kunnen wij ons somtijds aan God opofferen, schoon nog aan eenige aardsche dingen gehecht, maar dan toch moeten wij bidden, en dikwerf en vurig bidden, dat zijne goedheid ons daarvan losmake, opdat wij ons zonder eenig beletsel aan zijne dienst kunnen toewijden.

Ons offer zij derhalve geheel zuiver, onze eigen wil hebbe er geen deel in. Beschouwen wij niet de goederen der aarde, zelfs niet de goederen des hemels, maar alleen den wil van God; aanbidden wij zijne Voorzienigheid en onderwerpen wij ons blindelings aan zijne bevelen; brengen wij Hem al onze genegenheden ten offer, vergeten wij de geschapene dingen, en spreken wij tot Hem: o mijn God en mijn Schepper! al wat ik heb, draag ik U op; ik onderwerp mijn wil geheel aan den uwen; doe met mij al wat U zal behagen, hetzij gedurende mijn leven, of bij mijn sterven of na mijn dood, in den tijd en in de eeuwigheid!

Spreken wij aldus ernstig en opregt, bezielen ons inderdaad deze gevoelens ook in dagen van tegenspoed, wij zullen in weinig tijds zeer groote verdiensten vergaderen, schatten, oneindig kostbaarder dan alle rijkdommen der aarde; wij zullen aan God toebehooren en God aan ons; want Hij geeft zich altijd aan degenen die zich zelven en alle schepselen verzaken, om alleen voor Hem te leven. Hier hebt gij, mijne ziel! het krachtige middel om al uwe vijanden, te overwinnen; want als wij ons door deze zelfopoffering zoozeer met God vereenigen, dat wij geheel aan Hem behooren en Hij geheel de onze is, welke vijand of welke magt zal ons dan vermogen te schaden? Doch het voegt hier in eenige bijzonderheden te treden.

Wilt gij soms aan God eenig goed werk opofferen, als: vasten, gebeden, oefeningen van geduld of andere deugden, dan moet gij het vasten, bidden en de heilige werken van den Zoon Gods gedenken, en die, op zijne verdiensten vertrouwend, den hemelschen Vader aanbieden. Of wilt gij aan dien Vader der barmhartigheden, tot voldoening uwer zonden, het lijden van zijnen Zoon opdragen, doe het op deze wijze: Gij zult u in 't algemeen of in 't bijzonder de ongeregeldheden van uw leven voor oogen stellen, en overtuigd, dat gij uit u zelven den toorn van uwen oppersten Regter niet kunt bevredigen, noch aan zijne regtvaardigheid voldoen, neemt gij uwe toevlugt tot het leven en lijden van uwen Zaligmaker; herinner u, dat wanneer Hij bad, of vastte of werkte, of zijn bloed stortte, Hij zijnen Vader en zijne werken en zijn lijden opofferde, om voor u eene volkomene verzoening met Hem te verwerven! Zie, zoo meent gij uwen Zaligmaker te hooren spreken: zie, Vader! hoe ik uwe bevelen volbreng, door aan uwe regtvaardigheid de voldoening te geven, welke zij vraagt voor de zonden ook van dezen dienaar; ach, wil hem de vergiffenis zijner zonden schenken en hem opnemen onder het getal uwer uitverkorenen!

Voeg uwe gebeden bij die van Jesus Christus, en smeek den hemelschen Vader, dat Hij u, door de verdiensten van het lijden zijns Zoons, barmhartigheid bewijze! Dit kunt gij met vrucht doen, zoo dikwerf gij op het lijden of den dood onzes Heeren nadenkt, niet slechts als men van het eene geheim tot het andere overgaat, maar ook in alle omstandigheden van elk geheim, hetzij men voor zich zelven of voor anderen bidt.

LIX.

DE GEVOELIGE GODSVRUCHT EN DE DORHEID.

Beminde Christen! de gevoelige godsvrucht komt voort of van de natuur, of

van den boozen geest, of van de genade.
Uit de vuchten zult gij hare oorzaak kennen.

Volgt er geen levensverbetering, dan hebt gij reden om te vreezen dat zij of van den boozen geest of van de natuur komt, vooral wanneer gij er te veel vermaak in vindt, u daaraan hecht, of daardoor een beteren dunk van u zelven opvat.

Gevoelt uw hart geestelijke vreugde en vertroosting, onderzoek uit welk beginsel dit voortkomt; maar wacht u, er vertrouwen op te stellen of u er te hooger om te achten; tracht integendeel altoos uwe nietigheid voor oogen, een grooten haat tegen u zelven te hebben, alle gehechtheid, voor welk geschapen voorwerp ook, af te breken; zoek God alleen en tracht Hem alleen te behagen! Op deze wijze zou de zoetheid die gij gevoelt, al kwam zij ook van een slecht beginsel, van de natuur of van den boozen geest, van aard veranderen en een uitwerksel der genade worden.

De geestelijke dorheid komt eveneens uit de drie genoemde oorzaken voort:

Van den boozen geest, die alles in het werk stelt om ons tot verflaauwing te brengen, van den weg der volmaaktheid te verwijderen en ons weder in de ijdele vermaken dezer wereld te wikkelen.

Van de genade des H. Geestes, om ons af te trekken van al hetgeen God niet is of ons tot God niet brengt; om ons ten volle te overtuigen, dat al het goede, wat wij hebben, van God alleen komt; om ons de gaven des hemels te hooger te doen achten; om ons naauwer met Gods wil te vereenigen, door van ons alles af te wenden, zelfs de geestelijke genoegens, uit vrees dat wij, die te veel begeerende, onze liefde, welke geheel voor Hem alleen moet zijn, zouden verdeelen; of eindelijk, omdat Hij er behagen in schept, ons te zien strijden en een goed gebruik van zijne genade te zien maken.

Als gij u dan zoo koud en dor gevoelt, keer in u zelven; onderzoek welke fout u de gevoelige godsvrucht deed verliezen; tracht u te verbeteren, niet om de zoetheid te herkrijgen, welke in bitterheid veranderd is, maar om al wat aan God niet behaagt uit uwe ziel te verbannen! Vindt gij geene schuld in u, denk niet meer aan dat gevoelige, maar tracht alleen de ware godsvrucht, namelijk den wil van God te volbrengen!

Verlaat uwe geestelijke oefeningen niet, hoe onvruchtbaar of hoe onaangenaam ze u toeschijnen; besluit, er standvastig in te volharden, en neem welgemoed den kelk aan dien uw hemelsche Vader zelf u aanbiedt.

Maar indien de dorheid u ongevoelig voor God maakt, en uwen geest zoo benevelt, dat gij niet weet wat te besluiten of wat te doen, word toch niet moedeloos; houd u aan het kruis gehecht, veracht alle menschelijke verkwikking en de ijdele vertroostingen die de wereld en schepselen u zouden kunnen aanbieden!

Verberg voor een ieder uwe bezwaren, behalve voor hem wien gij uwe geestelijke belangen toevertrouwt! Hem zult gij ze blootleggen, niet om eenige verzachting, maar om ze met eene volkomene onderwerping aan den goddelijken wil te leeren verdragen.

Verrigt uwe communiën, uwe gebeden, uwe andere geestelijke oefeningen niet met het doel om u van het kruis te ontdoen, maar liever om, daardoor gesterkt, uw kruis op zijn voorbeeld en tot zijne glorie ten einde toe te dragen!

Laat de verwarring van uwen geest niet toe om op de gewone wijze uw gebed en uwe overweging te verrigten, doe het toch altijd zoo goed mogelijk!

Kan uw verstand niets verrigten, dat

uw wil het vergoede; voeg er het mondelijk gebed bij, en spreek nu eens tot God, dan weder tot u zelven! Gij zult de wonderbare uitwerking dezer heilige oefening ontwaren en eene groote verkwikking bij al uwe beproevingen gevoelen.

Spreek in dezer voege tot u zelven: o mijne ziel! waarom zijt gij bedroefd en waarom verontrust gij u?

Hoop in den Heer, want ik zal nog zijnen lof zingen, omdat Hij mijn Zaligmaker en mijn God is [1]).

Heer! ik lijd geweld, antwoord voor mij!

Wend u tot mij, mijn zoon, wend u tot mij, laat mij uwe stem hooren!

God, mijn God! waarom hebt Gij mij verlaten?

Waarom, o mijn God! hebt Gij U van mij verwijderd? Waarom veracht Gij mij, als ik het meest uwen bijstand noodig heb? Verlaat mij niet geheel en al [2])!

Gij kunt ook de goede gevoelens indachtig zijn, welke God aan Sara, de vrouw van Tobias, in hare droefheid ingaf, en gij zult met haar in denzelfden geest met het hart en met den mond zeggen:

Mijn God! allen, die U dienen, weten,

1) Ps. XLII, 5. 2) Ps. IX, 22.

dat, indien zij in dit leven door lijden beproefd worden, zij daarvoor zullen beloond worden; indien zij met bezwaren overladen zijn, zullen zij daarvan verlost worden; indien zij gekastijd zullen wezen, zult Gij hun barmhartigheid doen; want Gij hebt er geen behagen in, ons te zien omkomen; Gij laat de kalmte op den storm volgen, en de vreugde op het geween. O God van Israël! dat uw naam gezegend zij in alle eeuwen! [1])

Denk ook aan uw Zaligmaker zooals Hij bad in den hof van Olijven, of op den Calvarie-berg zich verlaten klaagde van Hem, wiens welbeminde en eeniggeboren Zoon Hij is; draag uw kruis met Hem en zeg uit geheel uw hart: Vader! uw wil geschiede en niet de mijne! [2])

Op deze wijze worden uw gebed en uw geduld een vrijwillig offer, hetwelk God zeer aangenaam zal wezen'; want de ware godsvrucht bestaat in een vaardigen en vast besloten wil, om Jesus Christus, met zijn kruis beladen, overal te volgen, en God te beminnen, omdat Hij alle liefde verdient. Bijaldien velen, die zich op de volmaaktheid schijnen toe te leg-

1) Tob. III, 21 - 23.
2) Luc. XXII, 42.

gen, hun geestelijken voortgang daaraan toetsen en niet aan de zoetheden eener gevoelige godsvrucht, zij zouden geenszins, zooals nu, door dat vaak bedriegelijk gevoel, noch door satans listen bedrogen worden; en niet tot zulk eene groote ondankbaarheid vervallen, dat zij tegen Gód durven morren en zonder reden klagen over de genade die Hij hun doet van hun geduld te beproeven; zij zouden integendeel hun best doen om Hem getrouwer dan ooit te dienen, overtuigd dat Hij alles beveelt en toelaat tot zijne verheerlijking en tot ons geluk.

In eene zeer gevaarlijke begoocheling verkeeren andere godvruchtigen, die, inderdaad vol afschuw tegen de zonde, veel zorg aanwenden, om alle gelegenheden te vlugten; maar wanneer de onzuivere geest hen door onzuivere en verfoeijelijke gedachten kwelt, en somtijds zelfs door afschuwelijke voorstellingen, dan verontrusten zij zich, worden kleinmoedig en meenen, dat God hen heeft verlaten. Zij kunnen niet gelooven, dat de H. Geest in eene ziel, zoo vol van onzuivere gedachten en beelden, wil verblijven. Zij geven zich aan de droefheid over, en vallen in vertwijfeling, en reeds ten halve door de bekoring overwonnen, verlaten zij hunne geestelijke oefeningen en verlangen naar Egypte, naar de wereldsche vermaken terug te keeren. O die verblinden, zij erkennen de uitstekende gunst niet welke God hun bewijst, wanneer Hij deze bekoring toelaat, opdat zij zich zelven niet zouden vergeten en zij door het gevoel hunner ellende als gedwongen worden, Hem nimmer te verlaten.

Het is eene ondankbaarheid zich over iets te beklagen, waarvoor zij duizendmaal Gods oneindige goedheid moesten danken.

Het best is in dezen toestand de verkeerde genegenheden onzer bedorven natuur wél na te gaan. Want God, die weet wat ons het nuttigst is, wil ons overtuigd hebben, dat wij uit ons zelven ten kwade geneigd zijn en ons zonder Hem in het uiterste ongeluk zouden storten. Wij moeten ons vervolgens tot vertrouwen op zijne goddelijke barmhartigheid opwekken, en vast gelooven, dat Hij ons het gevaar doet zien, alleen om ons er van te bevrijden en ons in het gebed naauwer met Hem te vereenigen. En hiervoor moeten wij Hem bijzonder dankbaar zijn.

Wat die slechte gedachten betreft die ons tegen onzen wil belagen, het is zeker dat zij beter zich door een nederig verduren van den last dien zij ons aandoen, en door onzen geest op een ander voorwerp te vestigen, laten verdrijven, dan door een onrustigen en geweldigen tegenstand.

LX.

HET GEWETENS-ONDERZOEK.

Bij het onderzoek van uw geweten hebt gij drie dingen op te merken:

1. de fouten die gij gedurende den dag hebt bedreven;

2. de gelegenheden welke u daarin gebragt hebben;

3. de gesteltenis, waarin gij thans zijt om welgemeend uwe ondeugden te verbeteren en de tegenovergestelde deugden te verkrijgen.

Wat de gedurende dien dag begane fouten en misslagen betreft, verwijs ik u naar het XXVI hoofdstuk bl. 101, waar gezegd wordt wat te doen als men in zonde gevallen is.

Wat de gelegenheid aangaat, gij zult deze met alle mogelijke zorg en waakzaamheid zoeken te vermijden.

Eindelijk ter verbetering uwer gebreken en ter verkrijging van de u ontbre-kende deugden, zult gij uwen wil versterven door het wantrouwen op u zelven, door het betrouwen op God, door het gebed en door herhaalde vernieuwing uwer begeerte om uwe slechte gewoonten uit te roeijen en u goede eigen te maken.

Meent gij eene overwinning op u zelven behaald, of eenig goed werk verrigt te hebben, mistrouw u daarin en wacht u wel van u daarom meer te achten! Ik raad u zelfs er niet veel aan te denken, anders mogt soms eenig geheim gevoel van hoogmoedigheid of ijdele glorie in uw hart dringen.

Stel derhalve, beminde Christen! al wat gij goeds beproeft, hoe dit ook zij, in de handen der goddelijke barmhartigheid, en denk verder liever, in het vervolg u zoo ijverig mogelijk van uwe pligten te kwijten!

Vergeet niet, God nederig voor al de verleende hulp te danken; erken, dat Hij de bron is van alle goed, en bedank Hem vooral, dat Hij u van een aantal zienlijke en onzienlijke vijanden bevrijd, u vele goede gedachten ingegeven en menige gelegenheid tot deugdbeoefening geschonken heeft, dat Hij u zelfs nog tallooze andere weldaden bewees, die voor u verborgen zijn!

LXI.

DE VOLHARDING.

Beminde lezer! bij hetgeen noodig is om in den geestelijken strijd te slagen, moet men de volharding voegen, eene deugd, waardoor wij ons onverflaauwd toeleggen op het ten onderbrengen onzer kwade driften, die zoolang wij leven niet sterven, maar altijd in ons hart weder opschieten en aanwassen als het onkruid op een welig veld. Te vergeefs wil men dezen strijd eens doen ophouden, hij eindigt slechts met ons leven, en wie niet wil strijden verliest zijne vrijheid of zijn leven.

Helaas! hoe zoude hij niet overwonnen worden, daar hij tegenover vijanden staat, vast besloten, hem vrede noch rust te geven, en te heeter op zijn verderf uit, naarmate hij meer inwilligt om hunne vriendschap te winnen.

Wees echter noch over hunne magt, noch over hun aantal ontsteld; want in dezen strijd wordt niemand overwonnen die niet overwonnen wil wezen; uwe vijanden overigens hebben geen magt dan die uw goddelijk Hoofd, voor welks eer gij strijdt, hun wil toestaan.

Hij zal, zoo gij getrouw blijft, nimmer

gedoogen dat gij in hunne handen valt; Hij zelf zal uw verdediger zijn, en oneindig magtiger dan zij allen, zal Hij u de overwinning geven, mits gij, met Hem strijdende, niet op eigen kracht, maar op zijne almagt en opperste goedheid uw betrouwen stelt.

Zoo Hij u niet terstond de overwinning verleent en u in het gevaar laat, verlies daarom den moed niet; geloof zeker — en dit zij u ter bemoediging in den strijd — geloof zeker, dat Hij alles bestuurt, zoodat zelfs wat een beletsel voor uwe zegepraal schijnt, tot uw voordeel zal keeren! Geef hem slechts blijk van uwe beslotenheid en getrouwheid!

Volg overal uw goddelijk Hoofd, dat zich voor u aan den dood heeft overgegeven en door dien dood de wereld heeft verwonnen; strijd moedig onder zijne vanen en verlaat de wapenen niet, voordat gij al uwe vijanden hebt verdelgd! Want schenkt gij aan één enkelen het leven, spaart gij ook maar ééne uwer ondeugden, uwe magt is er meê gebroken en de overwinning blijft uit.

LXII.

STRIJD TEGEN DE VIJANDEN IN HET UUR DES DOODS.

Is, geliefde Christen! ons geheele leven hier op aarde een gedurige strijd, de laatste dag is zeker de gevaarlijkste; want wie in dat albeslissend oogenblik bezwijkt, heeft geen hoop meer op behoud.

Om dan niet reddeloos te vergaan, moet gij u tegen den strijd harden, nu God er u de gelegenheid toe geeft; want wie dapper strijdt gedurende het leven, zal verwinnaar zijn in het uur des doods, omdat hij bij elke ontmoeting ook zijne geduchtste vijanden gewoon was te verslaan.

Denk ook dikwijls aan den dood, dan zijt gij, als hij nadert, minder bevreesd, uw geest zal vrijer en tot den strijd meer geschikt wezen! De wereldlingen verwerpen deze gedachte als verdrietig en lastig; zij zou hen in 't genot van hunne aardsche vermaken storen; zij willen zich de smartelijke herinnering besparen, dat zij eens die zoo vurig beminde goederen zullen moeten verlaten. Hun hartstogt vermindert dan ook niet, maar neemt veeleer dag aan dag in krachten toe, en hun scheiden van dit leven en· van wat zij het dierbaarst hebben is te grievender naarmate hunne geneugten te langduriger en heviger waren.

Om u, geliefde Christen! tot dien vreeselijken overgang, van den tijd in de eeuwigheid, te bereiden, verbeeld u dan soms geheel alleen en zonder hulp, in de smarten des doods te verkeeren; beschouw aandachtig, wat u in dat uur het meest zou beangstigen, en ·vergeet de middelen niet, die ik u voor dat laatste oogenblik aan de hand zal geven; ééns slechts voert gij dien strijd; hier is een misslag niet meer te herstellen en altoos van eene eeuwigheid van jammeren gevolgd!

LXIII.

VIERDERLEI BEKORINGEN IN HET UUR DES DOODS.

De grootste en gevaarlijkste bekoringen, waarmede de vijanden onzer zaligheid ons gewoonlijk bij den dood verontrusten, zijn deze vier: 1° de twijfelingen aangaande het geloof; 2° de wanhoop; 3° de ijdele glorie; 4° velerlei begoochelingen, die de geest der duisternis, als een engel des lichts zich voordoende, gebruikt, om ons te misleiden.

Wat de eerste bekoring betreft, stelt de vijand u, beminde lezer! eene valsche en bedriegelijke redenering voor, twist niet met hem, maar zeg met eene heilige verontwaardiging: weg, Satan! vader der leugen, ik wil niet eens naar u hooren; 't is mij genoeg te gelooven, al wat de Katholieke Kerk gelooft!

Wees ook op uwe hoede, dat gij niet bij zekere opkomende gedachten verwijlt, die u geschikt schijnen om u in het geloof te bevestigen; verwerp ze als inblazingen van den duivel, die u ongevoelig tot redetwisten en verwarring wil brengen! Zijt gij niet meer in staat u van deze gedachten te ontdoen, blijf standvastig, en luister zelfs niet naar een bewijs of plaats uit de H. Schrift, die de vijand u zal aanvoeren! Want hoe klaar en zeker zij u voorkomen, zij zullen altijd verminkt of verkeerd aangehaald of buiten de ware beteekenis genomen zijn.

En mogt die booze geest u vragen wat de Katholieke Kerk gelooft, geef hem dan geen antwoord; maar wetend, dat zijn geheele doel is, u te verrassen en door eenige dubbelzinnige uitdrukking te verontrusten, verwekt gij slechts in 't algemeen eene oefening van geloof: *ik geloof, o God! vermeerder mijn geloof!*

Zorg vooral dat uw hart aan het kruis gehecht blijve, en zeg tot Jesus: o mijn Schepper en mijn Zaligmaker! kom mij spoedig te hulp, en verlaat mij niet, opdat ik niet van de waarheid afdwale, die Gij mij geleerd hebt; en mogt ik door uwe genade in uwe Kerk geboren worden, geef mij ook, dat ik in haren schoot tot uwe grootere glorie moge sterven!

LXIV

DE BEKORING TOT WANHOOP

De tweede bekoring van den hemelschen vijand is, dat hij ons door de herinnering onzer vorige zonden vrees poogt aan te jagen en ons tot wanhoop te brengen. Mogt gij, beminde Christen! ooit in dit gevaar komen, neem tot algemeenen regel, dat de gedachte aan uwe zonde een uitwerksel der genade en u zeer heilzaam is, indien zij gevoelens van nederigheid, berouw en vertrouwen op de goddelijke barmhartigheid in u voortbrengt; veroorzaken zij daarentegen wantrouwen, wordt gij kleinmoedig, vreesachtig, komen de gedachten in u op, dat gij verworpen zijt en er voor u geene zaligheid zal wezen, erken dan het werk des boozen verleiders, verneder u des te dieper en verwek nog een grooter vertrouwen op de oneindige goedheid van uwen God; door dit middel zult gij satans listen verijdelen, zijne eigene wapenen tegen hem keeren en glorie geven aan God!

Gij moet wel is waar van den eenen kant, zoo dikwerf de zonden u voor de oogen zweven, leedwezen gevoelen over de beleedigingen, tegen de oneindige goedheid Gods door u begaan; maar te gelijk met een vast betrouwen op de verdienste van Jesus Christus er vergiffenis voor vragen.

Ik zeg meer: al scheen God u te zeggen, dat gij niet tot het getal der uitverkorenen behoort, gij moet op Hem blijven hopen en met diepe nederigheid bidden: Mijn Heer en mijn God! Gij hebt reden om mij wegens mijne zonden te verstooten en eeuwig te straffen; maar ik heb nog meer reden om te hopen dat Gij mij bamhartigheid zult bewijzen. Ik smeek U dan, heb medelijden met een ongelukkigen zondaar, die de eeuwige verdoemenis verdient, maar door het bloed van uwen lieven Zoon is vrijgekocht!

Ik verlang zalig te worden, 'o mijn Verlosser! om U eeuwig te zegenen in uwe glorie; al mijn betrouwen is op U, en ik geef mij geheel in uwe handen over; doe met mij wat U behaagt, want Gij zijt mijn Heer en mijn God! doe met mij wat U behaagt, al zoudt Gij mij in den dood zenden, in U blijf ik hopen, en in eeuwigheid zal ik niet beschaamd gemaakt worden!

LXV.

DE BEKORING VAN IJDELE GLORIE.

De derde bekoring is die der ijdele glorie.

Vrees niets zoozeer als u ook tot het geringste welbehagen in u zelven en in uwe werken te laten vervoeren! Roem alleen in Jesus Christus, uwen Heer, en erken, dat gij alles aan de verdiensten van zijn leven en sterven verschuldigd zijt!

Heb zoolang gij leeft voor u zelven een heiligen haat en minachting; verneder u meer en meer en dank God onophoudelijk als de bron van al het goede wat gij deedt! Bid Hem, dat Hij u helpe, maar zie zijne hulp niet als eene belooning aan voor uwe verdiensten, ook dan niet, wanneer gij op u zelven groote overwinningen behaald hadt! Blijf altijd in de vrees en beken ophartig, dat u al uwe zorgen niets zouden baten, indien God, die al uwe hoop is, u zijnen bijstand niet verleende! Doe uw voordeel met deze waarschuwingen, en wees dan gerust dat uwe vijanden geen voordeel op u zullen behalen!

LXVI

BEKORING VAN VELERHANDE BEGOOCHELINGEN EN VALSCHE VOORSTELLINGEN IN HET UUR DES DOODS.

Neemt, beminde Christen! onze onverzoenlijke vijand, nimmer moede van ons te kwellen, de gedaante aan van een Engel des lichts, en zoekt hij u door allerlei voorstellingen, begoochelingen, zelfs, naar ge meent, door zienlijke verschijningen, te misleiden, blijf standvastig in de kennis van u zelven, en zeg hem onverschrokken: weg gij, ellendige! keer naar de duisternissen terug vanwaar gij komt, ik ben een te groote zondaar en geen verschijningen waardig; ik durf alleen hopen op de barmhartigheid van mijnen Jesus, op de voorbede van de Allerzaligste Maagd Maria, van den H. Aartsengel Michael, den H. Jozef, de H. Anna, den H. Aloysius en andere Heiligen.

Al dacht gij om vele duidelijke teekenen, dat die verschijningen van God komen, geloof er niet dadelijk aan en verwerp ze evenzeer; vrees niet dat deze tegenstand, geheel op uwe nietigheid gegrond, aan God mishage; want gesteld dat de zaak van God zij, dan zal Hij het wel doen kennen, zonder dat het u schade. Hij toch, die aan de ootmoedigen zijne genade verleent, zal hen daarvan niet berooven, als zij zich voor Hem vernederen.

Dit zijn de gewone wapenen, die de vijand tegen alle menschen gebruikt, wanneer hij hen den dood nabij ziet, maar hij valt nog een ieder in 't bijzonder van die zijde aan, waar hij hem het zwakste kent. Hij bespiedt onze neigingen en doet ons door deze in de zonden vervallen. Daarom moeten wij, voordat het uur van den grooten strijd daar is, ons tegen onze hevigste en heer-

schende driften wapenen en verweren,
om te ligter te kunnen wederstaan en verwinnen in dat vreeselijk oogenblik, dat
voor ons het einde aller tijden zal wezen. Gij zult tegen hen strijden totdat
zij geheel verslagen zullen zijn [1]).

1) IІI Kon. **XV**, 29.

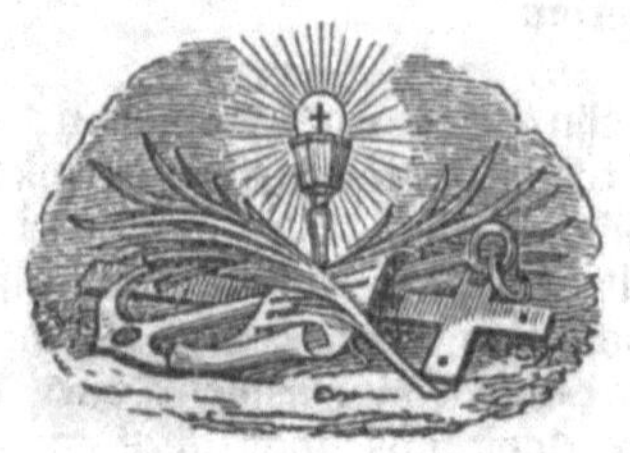

GEBED

OM EEN ZALIGEN DOOD.

Heer Jesus, God van goedheid en Vader van barmhartigheid! ik verschijn voor U met een vernederd, vermorzeld en ontsteld hart; ik beveel U mijn laatste uur en al wat mij daarna wacht.

Als mijne koude, onbeweegbare voeten mij zullen verwittigen, dat mijn wandel op deze aarde gaat eindigen: barmhartige Jesus, ontferm U dan mijner!

Als mijne bevende en zwakke handen uw kruisbeeld niet meer kunnen vasthouden, maar het tegen mijnen wil op het bed mijns lijdens zullen laten vallen: barmhartige Jesus, ontferm U dan mijner!

Als mijne verduisterde en gebrokene oogen, van angst voor den naderenden dood, zich stervende tot U zullen wenden: barmhartige Jesus, ontferm U dan mijner!

Als mijne bevende, koude lippen voor de laatste maal uwen aanbiddelijken naam zullen noemen: barmhartige Jesus, ontferm U dan mijner!

Als mijne wangen, verbleekt en lood-verwig, bij hen, die mijn sterfbed omringen, medelijden en afschrik zullen inboezemen; en als mijne haren, van doodzweet doortrokken, zich op mijn hoofd oprigtende, mijn aanstaande einde aankondigen: barmhartige Jesus, ontferm U dan mijner!

Als mijne ooren zich voor altijd voor de taal der menschen gaan sluiten, en zich zullen openen om naar de stem te luisteren, die het onwederroepelijk vonnis zal uitspreken, waardoor mijn lot voor alle eeuwigheid zal beslist worden: barmhartige Jesus, ontferm U dan mijner!

Als mijn geest, door schrikkelijke en verbazende verschijnsels ontsteld, in doodelijke droefheid zal wezen; en als mijne ziel, op het aanschouwen mijner zonden van vrees en angst voor uwe regtvaardigheid bevangen, met den engel der duisternisse zal strijden, die mij het troostelijk betrouwen op uwe barmhartigheid zal trachten te benemen, en mij in wanhoop zal trachten te storten: barmhartige Jesus, ontferm U dan mijner!

Als mijn zwak hart, door de smart der ziekte benaauwd, door de vrees voor den dood bevangen en door den strijd tegen de vijanden mijner zaligheid van krachten zal uitgeput zijn: barmhartige Jesus, ontferm U dan mijner!

Als de laatste tranen, de voorteekenen mijns doods uit de oogen zullen vloeijen, neem die dan als een boete-offer aan, opdat ik als een slagtoffer der boetvaardigheid moge sterven: in dien angstigen oogenblik, barmhartige Jesus, ontferm U dan mijner!

Als mijne bloedverwanten en vrienden rondom mij zullen staan, en met een teeder medelijden over mijnen ellendigen staat, U voor mij zullen aanroepen: barmhartige Jesus, ontferm U dan mijner!

Als ik het gebruik mijner zinnen zal verloren hebben, als de gansche wereld voor mij zal verdwenen zijn, en ik in de benauwdheid van den laatsten strijd en van de pijnen des doods zal zuchten: barmhartige Jesus, ontferm U dan mijner!

Als de laatste ademtogten mijne ziel zullen dwingen, zich van mijn ligchaam te scheiden, neem dan deze aan als verzuchtingen van een heilig ongeduldig verlangen om tot U te gaan: barmhartige Jesus, ontferm U dan mijner!

Als mijne ziel, reeds op mijne lippen zwevende, van deze wereld voor altijd zal afscheid nemen, en mijn ligchaam koud zonder leven zal achterlaten, ont-

vang dan de vernietiging van mijn aardsch
leven als een blijk van vereering en aan-
bidding uwer opperste majesteit: barmhartige Jesus, ontferm U dan mijner!

Als ten laatste, mijne ziel voor U zal
verschijnen en voor de eerste maal den
onsterfelijken luister uwer heerlijkheid
zal aanschouwen, verwerp haar dan niet
van uw aanschijn, maar gewaardig mij
in den minnelijken schoot uwer barmhartigheid te ontvangen, opdat ik eeuwig
uwen lof moge zingen: barmhartige Jesus,
ontferm U dan mijner!

Amen.

Jesus, Maria, Jozef! u schenk ik mijn
hart en ziel.

Jesus, Maria, Josef! staat mij in alle
doodsangsten bij!

Jesus, Maria, Josef! dat mijne ziel met
uwe hulp in vrede ruste!

Amen.

INHOUD.